Anneli McLachlan

ALWAYS LEARNING

PEARSON

Published by Pearson Education Limited, Edinburgh Gate, Harlow, Essex, CM20 2JE.

www.pearsonschoolsandfecolleges.co.uk

Developed by Clive Bell
Edited by Nina Timmer
Typeset by Tek-Art, West Sussex
Original illustrations © Pearson Education Limited 2014
Illustrated by Tek-Art, West Sussex and KJA-Artists

Cover design by Pearson Education Limited
Cover illustration © Miriam Sturdee
Cover images: Front: Fotolia.com: merc67; Pearson Education Ltd: Miguel Domínguez Muñoz; Shutterstock.com: Nagel Photography, terekhov igor
Models: Laura, Marco, José, Ramona, Samuel and Aroa of Colegio Nazaret, Oviedo. With thanks to them and to the staff of Colegio Nazaret for their role in the TeleViva videos. Thanks to Colette Thompson of FOOTSTEP PRODUCTIONS.

Audio recorded by Alchemy Post (produced by Rowan Laxton)
Voice artists: Francesc Xavier Canals, Lorena Davis Mosquera, Ana Rose Delmo Layosa, Elias Ferrer, Hugo Ferrer, Alexandra Hutchison Triviño, Andrew Hutchison Triviño, Mari-Luz Rodrigo, with thanks to Camila Laxton at Chatterbox Voices.

Songs composed and arranged by Charlie Spencer and Alastair Lax of Candle Music Ltd. Lyrics by Anneli McLachlan.

First published 2014

22
12

British Library Cataloguing in Publication Data
A catalogue record for this book is available from the British Library

ISBN 978 1 447 93527 8

Printed in Slovakia by Neografia

Acknowledgements
The author and publisher would like to thank Teresa Álvarez, Samantha Alzuria Snowden, Clive Bell, María José Gago, Naomi Laredo, Christopher Lillington, Ana Cristina Llompart, Ruth Manteca Tahoces and Sara McKenna for their invaluable help in the development of this course.

The author and publisher would also like to thank the following individuals and organisations for permission to reproduce copyright material:

Superpop www.superpop.es/cine-tv/peliculas/el-sueno-de-ivan p.21; Blogestudio www.buscarempleo.es/emprendedores/trabajar-como-payaso.html p.31; Caracol S.A. p.42; educaweb.com and qestudio.com p43; M. Zanetti p.43; Puebla Sana p.52; Celia Viñas, Ediciones de la Torre Madrid 2009 p.67; Unicef www.unicef.org/bolivia/trabajo_infantil_-_24_horas_para_ser_feliz.pdf p.75; subiuncambio.infonews.com/2012/05/04/autos-20377-autos-ford-con-botellas-recicladas.php p76; Raquel Carvajal Amador, Imagen de Veracruz p.77; Gloria Fuertes p.88; WWF España © Antonio Ojea p.89; www.conmishijos.com/ninos/educacion/10-consejos-para-proteger-el-medio-ambiente p.89; 2009 Asociación de Hosteleros Plaza Mayor p.98; Mapoma www.rocknrollmadrid.com p.98; EMT Madrid p.99; Zoo Aquarium de Madrid and Zoos Ibéricos S.A. p.99; www.parquedeatracciones.es/atracciones/abismo p.110; © Instituto de Turismo de España – TURESPAÑA and www.spain.info p.111; www.tvnotas.com.mx p.121; educaweb.com and qestudio.com p.123; © Bayard Presse – Okapi nº 950 – Christophe Fernandez, January 15th, 2013. p.125; WWF España www.wwf.es p.127; GoCar Tours p.129

The author and publisher would like to thank the following individuals and organisations for permission to reproduce photographs:
(Key: b-bottom; c-centre; l-left; r-right; t-top)

123RF: Wavebreak Media Ltd 36 (h), iodrakon 41bl; **Alamy Images:** AF Archive 12 (a), 12 (g), 12 (h), 120, age fotostock Spain, S.L. 118tr, Carlos Dominique 110b, dpa picture alliance archive 82 (f), Fabienne Fossez 55, Francisco Javier Fernández Bordonada 111bl, Gari Wyn Williams 82 (d), Hemis 84 (b), imageBROKER 84/3, ITAR-TASS Photo Agency 12 (b), Jake Lyell 80tr, JG Photography 18 (a), Moviestore collection Ltd 6c, 12 (f), OCTAVIO GLOBAL 41br, Peter D Noyce 51tc, 83, Peter Eastland 129b, Photolocation Ltd 18 (b), Pictorial Press Ltd 12 (c), 12 (d), Plrang GFX 118tl, PRISMA ARCHIVO 118br, Rob Cleary 106 (b), Rolf Hicker Photography 118cl, Steve Vidler 51tr, Tatiana Boyle 82 (c); **Corbis:** Bernd Euler / the food passionates 52t, Carmen Redondo 88t, DANIEL MOREL / Reuters 88cr, Jack Kurtz / ZUMA Press 80tl, WIN-Images 79; **DK Images:** Peter Wilson 102 (c), 106 (d), 129/11; **Fotolia.com:** Kitty 31b; **Getty Images:** 20, 81, AFP 6b, 31 (a), 88b, Aldo Murillo 78 (e), Aurora 53b, carrollphoto 18 (e), Debra Wiseberg 84/4, Ezra Shaw 56 (f), FilmMagic 30t, 42/1, fstop123 84 (e), Gamma-Rapho 30b, 88cl, Getty Images Entertainment 42/2, 42/3, 42/5, 78 (d), Getty Images Sport 31 (c), 31 (d), 53cl, Heritage Images 102 (b), Ingram Publishing 84/2, Juan Silva 14tl, Jupiterimages 7c, Martin Sundberg 86, Maurizio Borsari / Aflo 39b, Nancy Ney 15, Peter Hince. Photographers Choice 61, Photolibrary 84 (a), Rich Legg 14tr, Stockbyte 53cr, WireImage 31 (b), 31 (e), 42/4, 42t, 121; **Imagemore Co. Ltd:** 56 (a); **Pearson Education Ltd:** Miguel Domínguez Muñoz 74/1, 74/2, 74/3, 74/5, 74/6, 74/8, 74/9, 101/4, 104/7, Jules Selmes 98t, Justin Hoffman 100; Pearson Education Australia Ltd: Alice McBrooom 30 (d); **PhotoDisc:** StockTrek 36 (d); **Reuters:** Carlos García Rawlins 78 (d); **© Rough Guides:** Martin Richardson 36 (c), Tim Draper 18 (c), 99b, 106 (c), 129/2, 129/9; **Shutterstock.com:** Shutterstock 9tr, 84, 87, Alliance 125, Andy Dean Photography 101, bikeriderlondon 38, Castafiore/Tornasol/Kobal 21, Dmitriy Krasko 54/5, Fotografiecor.nl 118cr, Francesco83 54/3, Gunter Nezhoda 78 (f), Air Images 56 (b), katalinks 56 (g), lava296 7t, Mark Herreid 56 (c), wavebreakmedia 18 (d), 51tl, Neftali 118bl, Pat_Hastings 102 (f), 106 (f), Pedro Rufo 110, 110t, 106e, Quintanilla 102 (a), Rawpixel 36 (g), Vaju Ariel 102 (d), Vibrant Image Studio. 84/1, paleontologist natural 30 (a), **SuperStock:** Burger / Phanie 64t, Jason Stitt 64b, wavebreakmedia 36 (a); **Veer / Corbis:** 14b, 54/1, Aja 54/6, Andresr 40, angelsimon 52b, Backyard Productions 77l, CandyBoxImages 30 (b), 122, Corepics 84/5, davidmartyn 82 (a), disorderly 54/8, Dmitry Kalinovsky 56 (d), Fotoluminate 54/9, glyphstock 129/10, H2O 7br/iii, hoch2wo 129/13, ibphoto 129/3, iofoto 78 (a), Ionescu Bogdan Cristian 76, irin-k 129/5, Ivan Synieokov 129/12, Jan Skwara 12 (e), javarman 84 (c), 119r, jkraft5 119c, Joerg Hackemann 9b, jovannig 84 (d), julydfg 74 (h), Konstantin Yuganov 36 (f), kovalvs 7bl, Krasyuk Volodymyr 54/10, laylandmasuda 54/2, lithian 118b, magann 129/14, michaeljung 9c, Mikhail Dudarev 36 (b), mindof 39t, nito 98b, 119l, 129/1, noblige 78 (b), Norbert Suto 36 (e), Nupix 102 (e), Only Fabrizio 54/4, Patric Lane 78 (c), Petro Feketa 54/7, PT Images 126, pzAxe 7br/ii, Rawich Liwlucksaneeyanawin 7br/i, Robert Marmion 34bl, 34br, 80b, rognar 111br, Steve Cukrov 82 (e), stu99 129/6, sumners 53t, supersaiyan3 56 (e), terex 129/7, 129/8, tobkatrina 123, trexec 106 (a), veer2 129/4, ventdusud 99t, 111t, y: Andrey Armyagov 56 (h), Zuzana Randlova 82 (b); **www.imagesource.com:** K.Magnusson 30 (c), Moodboard 47

Picture research by: Caitlin Swain

¡CONTENIDOS!

¡MODULE 1! Somos así 6

¡MODULE 2! ¡Oriéntate! 30

¡MODULE 3! En forma 52

¡MODULE 4! Jóvenes en acción 76

Una aventura en Madrid 98

Somos así

¿Cómo se titulan estas películas en inglés?

1 SOLO en CASA

2

3 PEQUEÑA MISS SUNSHINE

¿Qué actor es mexicano?

a Vincent Cassel
b Gael García Bernal
c Javier Bardem
d Benedict Cumberbatch

Did you know that the Mexican film industry is very influential and has produced some excellent directors? Alfonso Cuarón directed *Harry Potter and the Prisoner of Azkaban* and *Gravity*. Guillermo del Toro is responsible for films including *Pan's Labyrinth* and *Pacific Rim*.

¿Qué equipo de fútbol es de un país donde se habla español?

a Juventus Football Club S.p.A.
b Olympique de Marseille
c São Paolo Futebol Clube
d Club Atlético Boca Juniors

4 ¿Cuál de estos parques de atracciones es un parque acuático?

a Terra Mítica, Benidorm
b Isla Mágica, Sevilla
c Aqualand Costa Adeje, Tenerife
d PortAventura, Salou

5 Mira la foto y el gráfico. Contesta en inglés, ¿a qué se refieren?

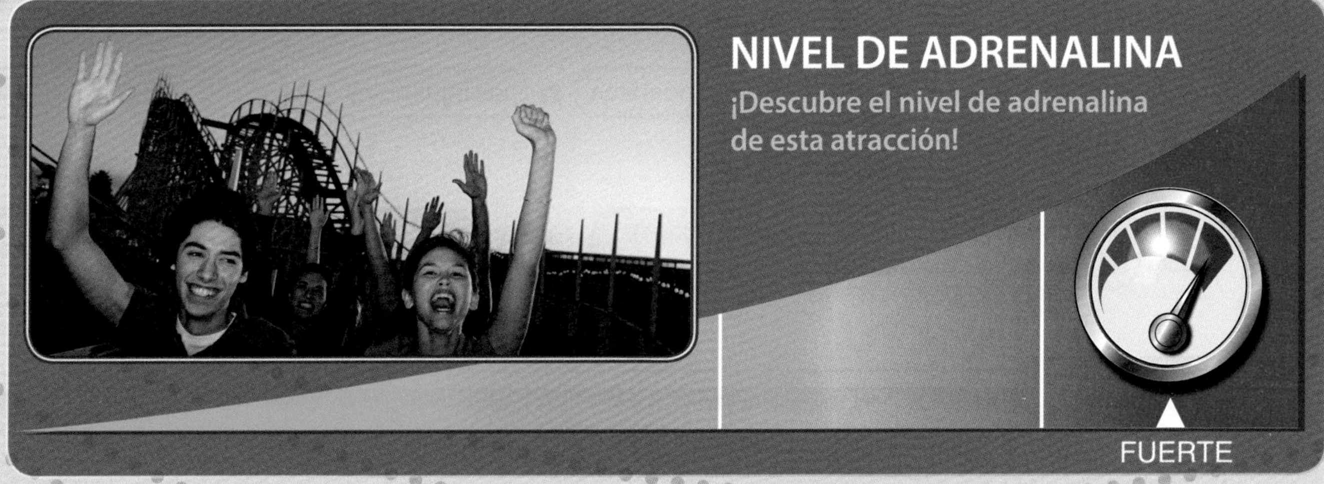

6 Mira el anuncio. ¿Con cuántos años se puede ir a esta pista de karting?

Cosas que me molan

- Talking about things you like
- Using irregular verbs in the present tense

Escucha y escribe las dos letras correctas. (1–5)

Ejemplo: **1** e, h

¿Qué cosas te gustan? ¿Qué cosas te molan?

¿Qué cosas te chiflan? ¿Qué cosas no te gustan nada?

1 
Samuel

2 
Isabel

3 
David

4 
Martina

5 
Ana

a las artes marciales, el deporte
b el dibujo, los animales
c el cine, los cómics
d el baile, la moda
e la pesca, la naturaleza

f los insectos
g las tareas domésticas
h las injusticias
i el racismo
j los lunes

Me chifla(n)... Me encanta(n)... Me flipa(n)...
Me gusta(n)... Me mola(n)...

No me gusta(n)... No me gusta(n) nada...

Gramática

Remember! When you give opinions with me gusta(n), me chifla(n), etc., you must include the definite article (el, la, los or las) before the noun, even if you wouldn't use 'the' in English.

Me mola el baile.	I love dance.	**Me gusta la moda.**	I like fashion.
Me chiflan los animales.	I love animals.	**No me gustan las artes marciales.**	I don't like martial arts.

Elige a una persona del ejercicio 1. Tu compañero/a adivina quién eres.
Choose a person from exercise 1. Your partner guesses who you are.

- **¿Qué cosas te gustan?**
- **Pues... me mola la naturaleza y también me chifla la pesca.**
- **¿Qué cosas no te gustan nada?**
- **A ver, no me gustan nada las injusticias.**
- **¡Eres...!**

Eres un famoso o una famosa. ¿Qué cosas te gustan? ¿Qué cosas no te gustan? Utiliza un diccionario si es necesario.

Ejemplo: Soy Selena Gomez. Me encanta el teatro y la moda. También me chifla la música, pero no me gusta nada la violencia.

Pronunciación

In Spanish, **c** is pronounced as a 'th' sound before the letters **e** and **i**:
artes mar**c**iales.
However, before any other letter it is pronounced as a 'k':
inse**c**tos, músi**c**a.
Look at page 133 to remind yourself of the Spanish sounds you learned in Libro 1.

4 Escucha y lee. Luego, copia y completa la tabla.

siempre	always
casi todos los días	almost every day
muy a menudo	very often
todo el tiempo	all the time

name	likes	other information
Diego	martial arts	is a member of a judo club…

Soy Diego. Me chiflan las artes marciales. Soy miembro de un club de judo y soy cinturón rojo. Hago judo todo el tiempo. Mi entrenador es cinturón negro, por supuesto.

Soy Josefina. Me gusta mucho la natación. Voy casi todos los días al polideportivo, donde hago natación. Soy miembro de un equipo. Cuando hace sol, voy a la piscina al aire libre. ¡Me mola!

Soy Miguel. Me encanta la naturaleza, así que voy al parque muy a menudo. Tengo dos perros y vamos de paseo. También me chifla la pesca y siempre voy de pesca con mi padre.

Gramática

Ir, hacer and ser are important irregular verbs. They work like this in the present tense:

ir	to go	**hacer**	to do	**ser**	to be
voy	I go	**hago**	I do	**soy**	I am
vas	you go	**haces**	you do	**eres**	you are
va	he/she goes	**hace**	he/she does	**es**	he/she is
vamos	we go	**hacemos**	we do	**somos**	we are
vais	you (pl) go	**hacéis**	you (pl) do	**sois**	you (pl) are
van	they go	**hacen**	they do	**son**	they are

5 Con tu compañero/a, imagina que eres Jorge, Álvaro o Catalina. Descríbete.

With your partner, imagine that you are Jorge, Álvaro or Catalina. Describe yourself.

Think about which verb you need to use: **hacer**, **ir** or **ser**?

Ejemplo:

- **Soy Jorge. Me chifla la gimnasia y también… Voy a la… casi todos los días.**

6 ¿Qué cosas te gustan? ¿Qué cosas no te gustan? Escribe un texto.

Include:

- what you like **(¡Me chifla(n)…!)**
- more detail **(Voy / Hago / Soy…)**
- what else you like **(También me mola(n)… y voy / hago / soy…)**
- what you don't like **(No me gusta(n) nada…)**.

SKILLS

Making your writing interesting

To add variety and detail to your writing, use:

- different expressions for 'I love': **me chifla(n)…, me mola(n)…**
- expressions of frequency: **casi todos los días, muy a menudo**
- connectives: **así que, cuando, donde** (see exercise 4 texts)

Mi semana

- Talking about your week
- Using regular verbs in the present tense

1 **Escucha y lee la canción. Completa las frases con el verbo correcto.**

Ejemplo: **1** monto

¿Cómo organizas tu semana?

lun	1
mar	2
mié	3
jue	4
vie	5
sáb	6
dom	7

Los lunes después del insti, **1** ____ en bici.
Me chifla, me chifla, me chifla mi bici.

Los martes **2** ____ Zumba® o a veces flamenco.
Me mola el baile. ¡Olé, olé, olé!

Los miércoles **3** ____ fotos, soy miembro de un club.
Me chifla, me chifla la fotografía.

Los jueves **4** ____ libros con mi amigo.
Me molan, me molan, me molan los libros.

Los viernes **5** ____ para mi familia.
¡Me chifla, me chifla la cocina!

Los sábados **6** ____ un partido de fútbol.
Me mola, me mola, me mola… ¡Goooooool!

Los domingos por la tarde **7** ____ el teclado.
Me chifla, me chifla, me chifla el piano.

veo
saco
toco
leo
bailo
cocino
monto

el teclado *keyboard*

Gramática

Remember how the present tense of regular verbs works:

bailar	to dance	**leer**	to read	**escribir**	to write
bailo	I dance	**leo**	I read	**escribo**	I write
bailas	you dance	**lees**	you read	**escribes**	you write
baila	he/she dances	**lee**	he/she reads	**escribe**	he/she writes
bailamos	we dance	**leemos**	we read	**escribimos**	we write
bailáis	you (pl) dance	**leéis**	you (pl) read	**escribís**	you (pl) write
bailan	they dance	**leen**	they read	**escriben**	they write

Some verbs change their stem and are known as stem-changing verbs: jugar (to play) → juego (I play).

>> p24

2 **Con tu compañero/a, pregunta y contesta.**

Ejemplo:

A

- **¿Cómo organizas tu semana?**
- **A ver… los lunes cocino para… Los martes…**

A los lunes 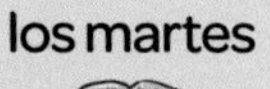 los martes  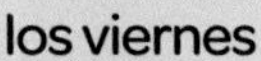 los viernes 

B los miércoles  los jueves  los sábados 

3  **Traduce las frases al español. Utiliza el minidiccionario si es necesario.**

1. You play the piano on Mondays.
2. On Wednesdays in the afternoon, he cooks.
3. After school, they read magazines.
4. On Fridays, he takes photos.
5. On Sundays, we watch a volleyball match.
6. How do you (plural) organise your week?

Lee los textos. Contesta a las preguntas en inglés.

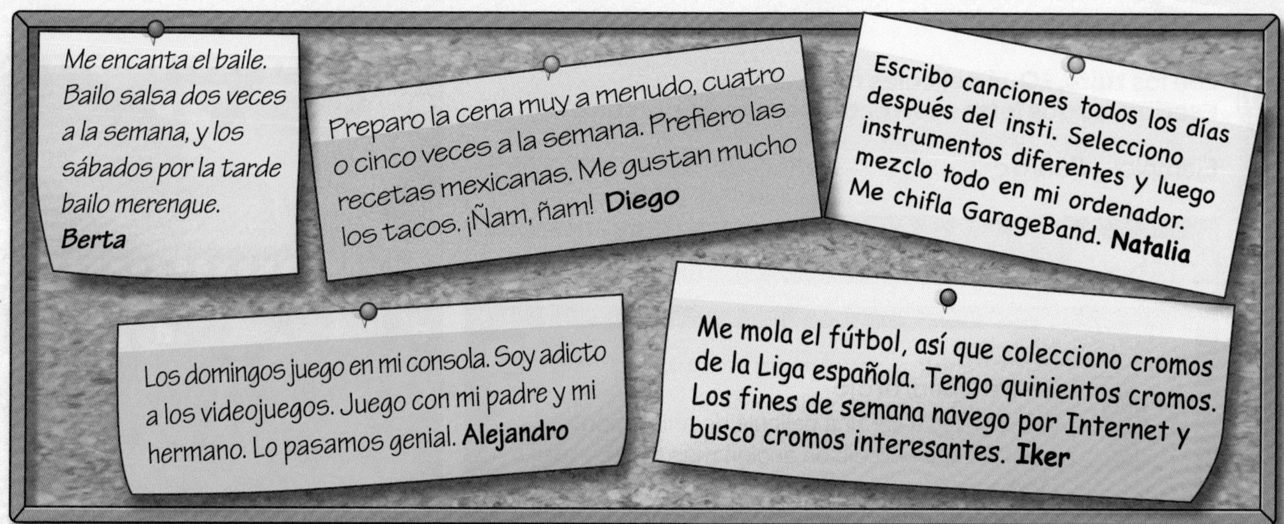

quinientos *five hundred*

How often does...

1 Natalia write songs?
2 Diego prepare dinner?
3 Berta dance salsa?

When does...

4 Iker look for his football trading cards?
5 Alejandro play on his games console?

Busca las frases en español en el texto.

1 I prepare dinner.
2 I collect trading cards.
3 I select different instruments.
4 I look for interesting trading cards.
5 I mix everything on my computer.
6 I prefer Mexican recipes.

Escucha. ¿Qué les gusta hacer y cuándo? Apunta los datos en inglés. (1–4)
Listen. What do they like to do and when? Note the details in English.

Ejemplo: **1** loves cooking – cooks at the weekends – prepares salad or...

¿Cómo organizas tu semana? Prepara la presentación o habla de tu semana.

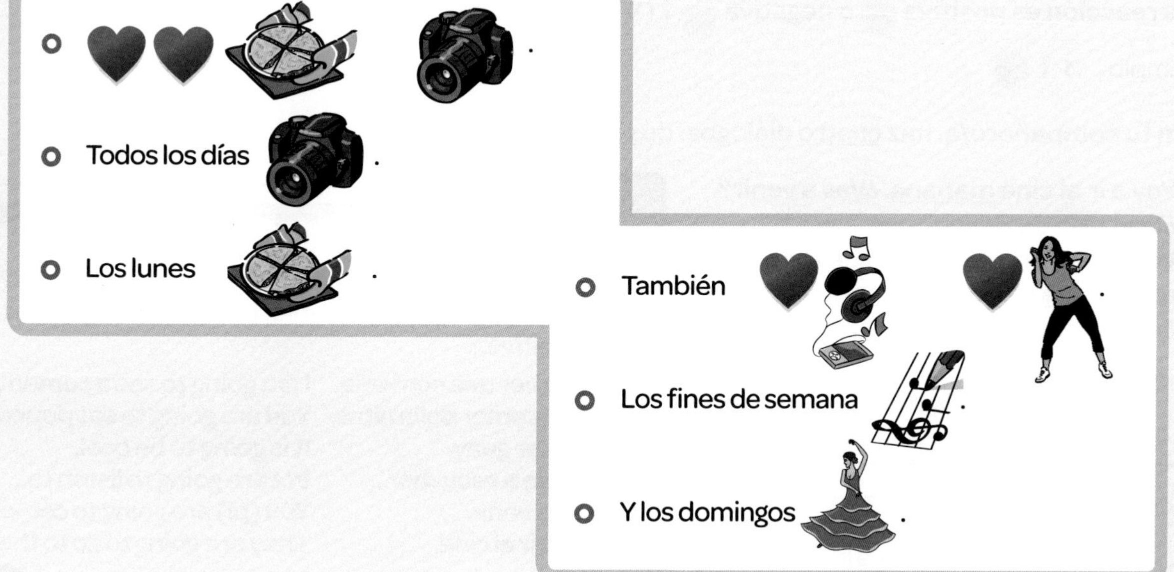

Cartelera de cine

- Talking about films
- Using the near future tense

1 Lee los tuits. ¿Qué películas mencionan? Escribe las dos letras correctas para cada persona.

Ejemplo: Pedro c, ...

quizás *perhaps, maybe*

Pedro@pedrororojo
#elcine Voy a ver una película de animación o quizás una película de acción más tarde. ¿Vas a venir?

Alejandra@aja73
#¿Quépelículavamosaver? ¿Vamos a ver una comedia o una película de ciencia ficción?

María@miamaría09
#Mañana ¿Vamos a ver una película de superhéroes o una película de terror?

Jorge@jorgemedrano
#cine@chiquita Voy a ver una película de aventuras más tarde. ¿O prefieres ver una película de fantasía?

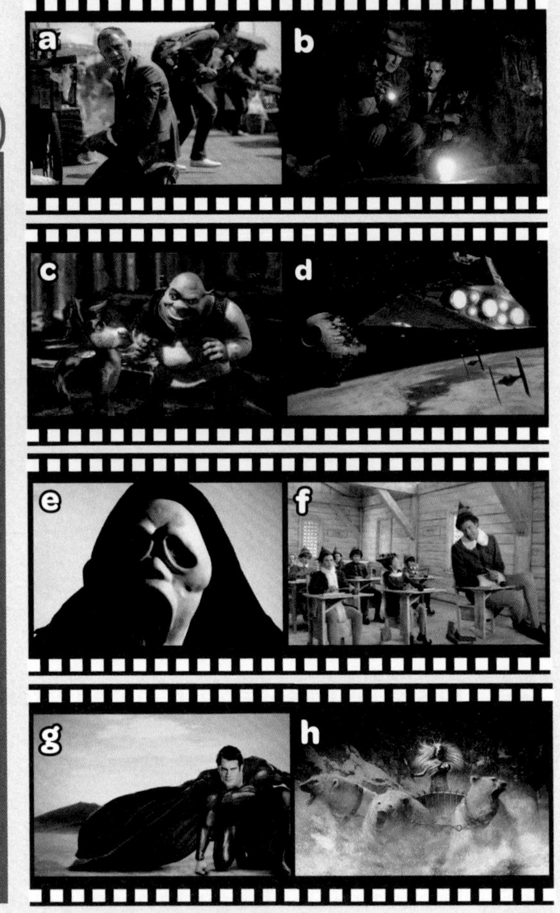

2 ¿Qué tipo de película es? Escribe la frase correcta para cada foto del ejercicio 1.

Ejemplo: **a** una película de acción

3 ¿Qué tipo de película van a ver? Escucha y escribe la(s) letra(s) correcta(s) del ejercicio 1. ¿La reacción es positiva 🙂 o negativa 🙁? (1–5)

Ejemplo: **1** f 🙂

4 Con tu compañero/a, haz cuatro diálogos: dos positivos y dos negativos.

- **Voy a ir al cine mañana. ¿Vas a venir?**
- **¿Qué tipo de película vas a ver?**
- **Voy a ver una película de terror o quizás una película de fantasía.**
- **De acuerdo. Voy a ir.**

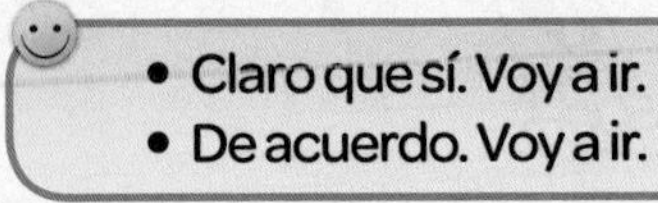

🙂
- Claro que sí. Voy a ir.
- De acuerdo. Voy a ir.

🙁
- ¡Qué rollo! No, gracias. No voy a ir.
- ¡Ni en sueños! No voy a ir.

Gramática

Do you remember how to form the near future tense? Use the present tense of the verb ir followed by a plus the infinitive.

Voy a ver una comedia.	I am going to see a comedy.
Vas a comer palomitas.	You are going to eat popcorn.
Va a ser guay.	It is going to be cool.
Vamos a escuchar...	We are going to listen to...
Vais a venir.	You (pl) are going to come.
Van a ir al cine.	They are going to go to the cinema.

>> p24

Escucha y completa las frases. (1–7)

Ejemplo: **1** las

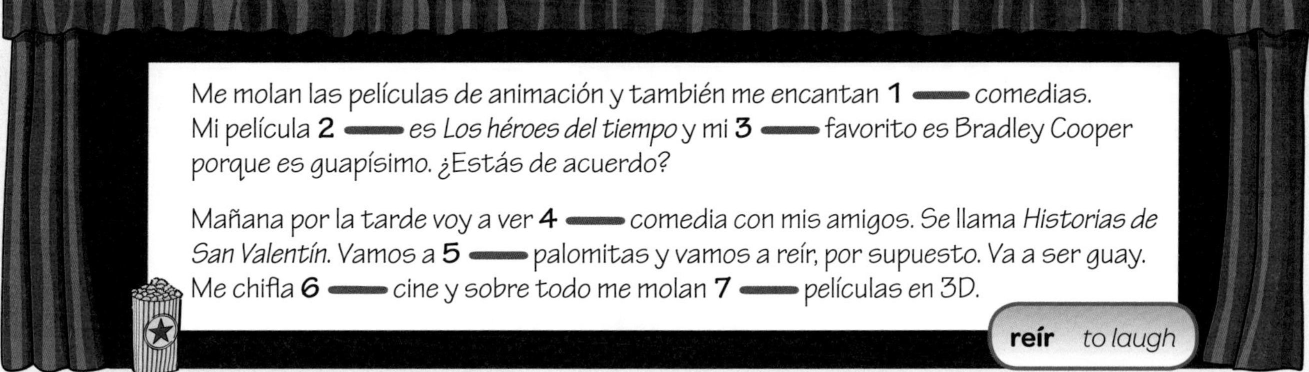

Use the **indefinite article** to say what sort of film it is or you are going to see.

Es **una** comedia.	It's **a** comedy.
Voy a ver **una** comedia.	I am going to see **a** comedy.

Use the **definite article** with 'me gusta(n)' / 'me chifla(n)' / 'me encanta(n)', etc.

Me encantan **las** comedias.	I love comedies.

Lee las frases. ¿Cuál es la pregunta?

1. Es una película de terror.
2. Claro que sí. Voy a ir.
3. Vamos a ver una película de acción.
4. Mi actriz favorita es Tilda Swinton.
5. Me encantan las películas de aventuras.
6. Mi película favorita es *El león, la bruja y el armario*.

Trabaja en un grupo de cuatro personas. ¿Qué tipo de película es? Pregunta, contesta y reacciona.

Ejemplo:

● ***El mito de Bourne*, ¿qué tipo de película es?**
■ **En mi opinión, *El mito de Bourne* es una comedia.**
▲ **No, no estoy de acuerdo. Creo que es una película de ciencia ficción.**
◆ **¿Estás loco/a? *El mito de Bourne* es una película de acción.**

creo que / **pienso que** } I think (that)

Alicia en el País de las Maravillas

Invasión zombie

¿Qué tipo de películas te gustan? Describe tus preferencias.

Write about:

- what films you like and dislike **(Me encantan las… También me chiflan… Pero no me gustan…)**
- what your favourite film is **(Mi película favorita es… Es una…)**
- who your favourite actor is **(Mi actor/actriz favorito/a es… porque es…)**
- what film you are going to see next **(Este fin de semana / Mañana por la tarde voy a ver… en el cine / en la televisión / en 3D.)**
- what it will be like **(Va a ser…)**.

Un cumpleaños muy especial

- Talking about a birthday
- Using the preterite

Escucha y lee los textos. Escribe el nombre correcto.

¿Cómo fue tu cumpleaños? ¿Qué hiciste?

El veinticinco de junio celebré mi cumpleaños con mi familia. ¡Lo pasé fenomenal! Fui al parque de atracciones, donde monté en muchas atracciones, por ejemplo en una montaña rusa muy alta. Comí patatas fritas. Fue alucinante. ¡Me encantó!

Nicolás

El doce de febrero celebré mi cumpleaños con mis amigos. Fuimos a un centro de lasertag, donde participamos en una aventura de dos horas. Fue increíble. Comí una hamburguesa y bebí un refresco. Luego comimos mi tarta de cumpleaños. ¡Lo pasé guay!

Aroa

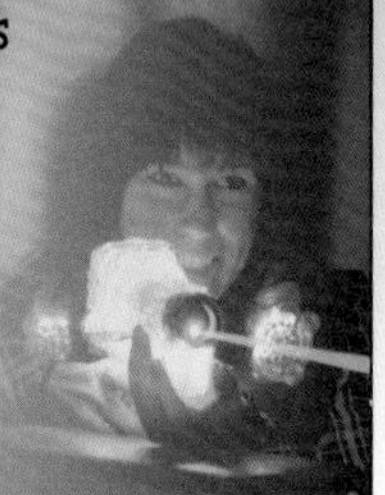

El dieciocho de octubre fue mi cumpleaños. Invité a mis amigas a pasar la noche en mi casa y fue muy divertido. Bebimos batidos de fresa y comimos helado y también chocolate. Vimos una comedia y después jugamos a juegos tontos. Recibí muchos regalos bonitos. ¡Lo pasamos fenomenal!

Gabriela

la montaña rusa	*roller coaster*
alucinante	*amazing*
la tarta de cumpleaños	*birthday cake*

Fue fenomenal. It was fantastic.
¡Lo pasé fenomenal! I had a fantastic time.

Who...

1 went out with his/her friends?
2 ate ice cream?
3 went out with his/her family?
4 watched a film?
5 ate birthday cake?
6 took part in an adventure that lasted two hours?

Gramática

You use the preterite to talk about the past. Do you remember the endings for each group of regular verbs?

celebrar	to celebrate	**comer**	to eat	**recibir**	to receive
celebré	I celebrated	**comí**	I ate	**recibí**	I received
celebraste	you celebrated	**comiste**	you ate	**recibiste**	you received
celebró	he/she celebrated	**comió**	he/she ate	**recibió**	he/she received
celebramos	we celebrated	**comimos**	we ate	**recibimos**	we received
celebrasteis	you (pl) celebrated	**comisteis**	you (pl) ate	**recibisteis**	you (pl) received
celebraron	they celebrated	**comieron**	they ate	**recibieron**	they received

The irregular verbs ser (to be) and ir (to go) are the same in the preterite:

fui	I was	I went
fuiste	you were	you went
fue	he/she/it was	he/she went
fuimos	we were	we went
fuisteis	you (pl) were	you (pl) went
fueron	they were	they went

Mi amiga fue al parque de atracciones. Fue alucinante.

My friend **went** to the theme park. **It was** amazing.

>> p25

Traduce al inglés el texto de Gabriela del ejercicio 1.

3 HABLAR Con tu compañero/a, por turnos añade otra cosa a la frase.
With your partner, take it in turns to add something else to the sentence.

- **El día de mi cumpleaños recibí muchos regalos.**
- **El día de mi cumpleaños recibí muchos regalos y comí helado...**

Zona Cultura

In many Latin American countries, the **quinceañera** (fifteenth birthday celebration) is a very important event. Up to the age of fifteen, girls are viewed as children, but from this birthday onwards they are viewed as adults. It is an important birthday for boys too. Are there any celebrations like this in your culture?

4 ESCUCHAR Escucha. Apunta los datos sobre las celebraciones en español. (1–3)

	¿cuándo fue?	¿con quién?	¿adónde fueron?	¿qué vieron?	¿qué comieron / bebieron?	¿cómo fue?
1	el 13 de mayo	amigos		tenis	bocadillo	

5 HABLAR Con tu compañero/a, inventa detalles sobre una celebración en el pasado. Pregunta y contesta.

- **¿Cómo fue tu cumpleaños? ¿Qué hiciste?**
- **El... de... celebré mi cumpleaños con...**
  Fui / Fuimos a... Fue...
  Me encanta(n) / Me chifla(n)...
  Comí / Comimos... y bebí / bebimos...
  Me gusta(n)...
  ¡Lo pasé / Lo pasamos...!

6 LEER Lee el texto. ¿Verdadero o falso? Escribe V o F.

Ejemplo: **1** F

Soy Luis. Me chifla la natación. Soy miembro de un club y voy a la piscina cuatro veces a la semana, pero la semana pasada fui a un parque acuático con mis amigos porque fue mi cumpleaños. Primero nadé en la laguna y luego descendí por los rápidos. ¡Guau! ¡Fue increíble! Más tarde hice surf en la piscina de olas. ¡Qué guay!

Por la tarde fuimos a un restaurante, donde comí un perrito caliente y bebí un zumo de naranja.

¡Lo pasé fenomenal! Me molan los parques acuáticos.

1 Luis es miembro de un club de voleibol.
2 Hace dos semanas Luis fue a un parque acuático.
3 Fue su cumpleaños.
4 Primero hizo surf en la piscina de olas.
5 Comió en un restaurante.
6 Le encantó la experiencia.

7 ESCRIBIR Inventa detalles sobre un cumpleaños muy especial. Escribe un resumen.

Write about:
- what you like doing
- when your birthday was
- where you went for your birthday
- who you went with
- what you did, ate and drank – use sequencers **(primero... luego... más tarde...)**
- what it was like.

MODULE 1 **¡5!**

Los famosos

- Talking about life as a celebrity
- Using three tenses together

1 ESCUCHAR **Escucha y lee el texto. Copia y completa la tabla con los verbos.**

Así soy yo...

Nombre: Francisco Albarán

¿Famoso por qué? Porque soy DJ.

Todo empezó así: A los nueve años recibí un ordenador. Empecé a mezclar música. Luego fui a Ibiza y me encantó.

Mis aficiones ♥: Me mola la música y la tecnología. También me chifla el fútbol. ¡Soy adicto al fútbol! Voy a un parque donde juego cuatro veces a la semana.

En el futuro: Primero voy a viajar. Luego voy a abrir una discoteca. Después voy a ir a muchas fiestas, voy a conocer a mucha gente y voy a dedicar mi vida a la música. Más tarde voy a abrir otra discoteca...

present	preterite	near future	English
	recibí		I received

SKILLS

Recognising tenses

Train yourself to recognise and use the present, preterite and near future correctly. Focus on verb endings and formation:

viajo (present)
viajé (preterite)
voy a viajar (near future).

2 LEER **Pon los párrafos en el orden correcto. Escribe la letra correcta.**

Ejemplo: **1** d

a Primero voy a diseñar muchas cosas. Luego voy a escribir mi autobiografía. Después quizás voy a tener una Barbie con mi imagen. ¿Qué sé yo? Vamos a ver...

b Me chifla la moda (leo revistas de moda todo el tiempo) y me encanta el dibujo. También me mola el baile y hago yoga de vez en cuando.

c A los diez años recibí una máquina de coser. Empecé a diseñar ropa. Hice una falda, luego un vestido... Hice un montón de cosas.

d Sara Luengo

e Porque diseño ropa.

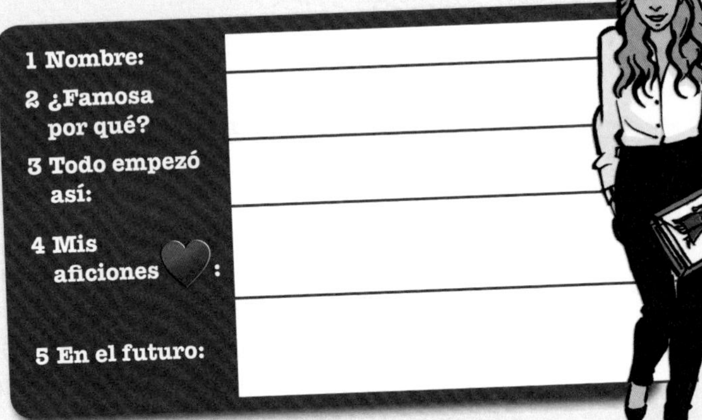

la máquina de coser	*sewing machine*
un montón de cosas	*loads of things*

3 ESCUCHAR **Escucha y comprueba tus respuestas.**

4 LEER **Lee los textos de los ejercicios 1 y 2 otra vez. Completa las frases en inglés.**

Everything began for Francisco when, at the age of **1** ___ , he **2** ___. He started to **3** ___ and then he **4** ___ .
Everything began for Sara when, at the age of **5** ___ , she **6** ___ . Sara loves **7** ___ and reads **8** ___ all the time.
In the future, Francisco is going to **9** ___ . Then he **10** ___ .
In the future, Sara is going to **11** ___ many things. Then she **12** ___ .

Gramática

Remember, the verb **hacer** (to do or make) is irregular. It works like this:

present		preterite	
hago	I do	**hice**	I did
haces	you do	**hiciste**	you did
hace	he/she does	**hizo**	he/she did
hacemos	we do	**hicimos**	we did
hacéis	you (pl) do	**hicisteis**	you (pl) did
hacen	they do	**hicieron**	they did

The following verbs have a spelling change in the **yo** form of the preterite:

sacar (to take) → **saqué** **jugar** (to play) → **jugué**

tocar (to play an instrument) → **toqué** **empezar** (to begin) → **empecé**

>> p25

Escucha a Javier hablando de su pasión. Copia y completa la tabla con las letras correctas.

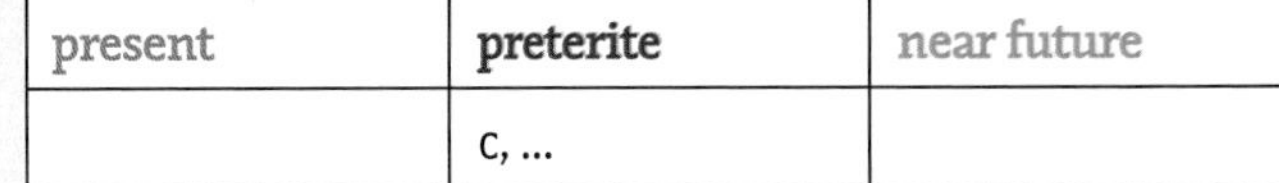

present	preterite	near future
	c, ...	

a  b  c  d  e  f 

Con tu compañero/a, haz dos entrevistas.

- **¿Cómo te llamas?**
- **¿Por qué eres famoso/a?**
- **¿Cómo empezó todo?**
- **¿Qué cosas te chiflan?**
- **¿Qué vas a hacer en el futuro?**

The verbs in exercise 6 are given in the infinitive form. Work out which tense you need to use them in. Check the forms in the verb tables if you are unsure and look out for stem-changing verbs.

a

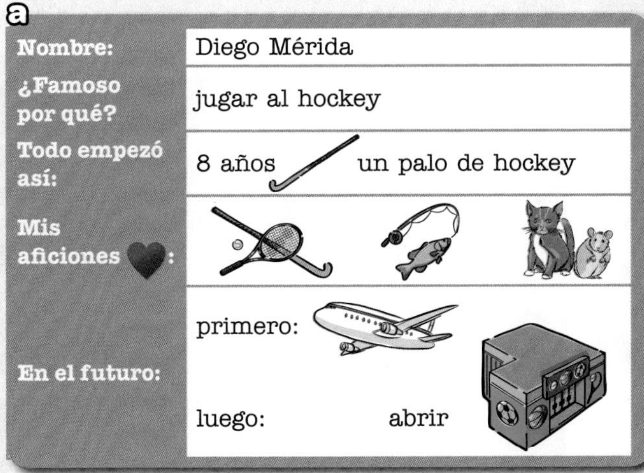

Nombre:	Diego Mérida
¿Famoso por qué?	jugar al hockey
Todo empezó así:	8 años un palo de hockey
Mis aficiones ♥:	
En el futuro:	primero: luego: abrir

b

Nombre:	Ana Calderón
¿Famosa por qué?	tocar el saxofón
Todo empezó así:	9 años un saxofón
Mis aficiones ♥:	
En el futuro:	primero: luego: abrir

Escribe un artículo para una revista acerca de un famoso o una famosa. Utiliza el texto del ejercicio 1 como modelo.

Ejemplo:

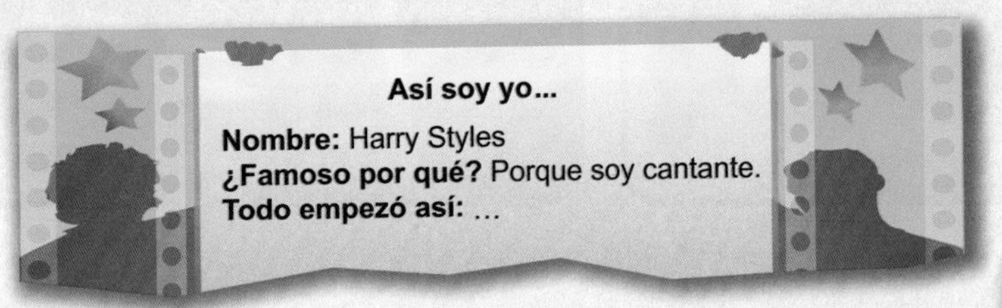

Así soy yo...

Nombre: Harry Styles

¿Famoso por qué? Porque soy cantante.

Todo empezó así: ...

¿Adónde fuiste?

- Understanding descriptions of days out
- Using the four Ws when listening

LISTENING SKILLS

SKILLS

Predicting when listening

Focusing on the 4 Ws (Who? Where? What? When?) will help you answer questions on listening passages.

Predicting what you are going to hear is a very useful skill. In exercise 1, look at the answer options and think about **who** you might hear about. Make a list of possible phrases in Spanish, e.g. **con mi familia**.

1 ESCUCHAR **Escucha. ¿Con quién fueron? Escribe las letras correctas. Sobran dos posibilidades. (1–5)**

Ejemplo: **1** c

a with his/her family
b with his/her brothers
c with his/her friends
d with his/her school
e with his/her cousins
f with his/her team
g with his/her class

2 ESCUCHAR **Escucha. ¿Dónde están? Escribe la letra de la foto correcta. (1–5)**

Ejemplo: **1** d

a

SKILLS

Listening for clues

When listening for **where** something is taking place, remember that speakers might not mention an actual place name. Listen for other words they use as clues. Background noises can also help you identify the location.

b

c

d

e

Escucha. ¿Qué película vieron o van a ver? Escribe la letra correcta. (1–5)

SKILLS

Listening for indirect information

When listening for **what** people are talking about, you may have to work some things out from clues you hear. For example, if they are discussing a film and someone says it was funny, you can guess that they probably saw a comedy.

Con tu compañero/a, haz una lista de (a) nueve expresiones de tiempo y (b) nueve verbos.

	time expressions	verbs
3 in the present	a veces, ...	voy, ...
3 in the preterite		
3 in the near future		

SKILLS

Listening for time clues

To understand **when** something happens, listen for time markers, e.g. **el año pasado**, but also listen carefully for verb forms when time markers *aren't* used. Are speakers using the present, the preterite or the near future tense?

Escucha. Copia la tabla y escribe las letras en la columna correcta. (1–4)

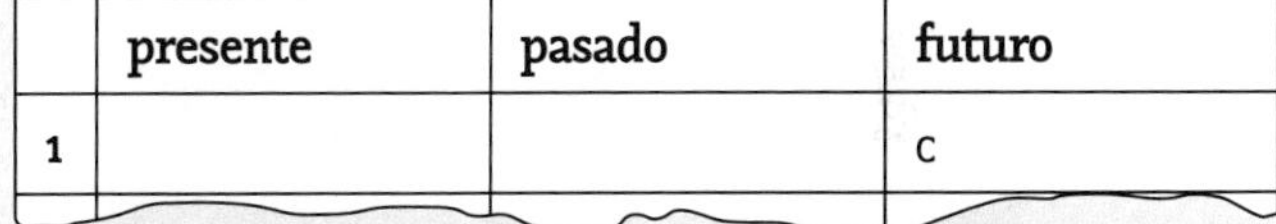

	presente	pasado	futuro
1			c

a

b

Now use the strategies you have learned to answer these 'Who? What? When? Where?' questions.

Escucha y contesta a las preguntas en inglés.

1 **a** What does Alba like doing?
b Who does she do this for?

2 **a** Who is Rocío going to go to the cinema with?
b What are they going to see?
c What are they going to eat?

3 **a** When did Manolo celebrate his birthday?
b Where did he celebrate his birthday?

4 **a** Where is Bea going to go?
b When is she going to go there?
c What are they going to eat?

- Reading about film stars and films
- Understanding challenging texts

Lee el texto sobre Javier Bardem. ¿En qué orden aparecen los datos (a–f) en el texto?

Read the text about Javier Bardem. In what order does the information (a–f) appear in the text?

Ejemplo: b, ...

SKILLS

Understanding challenging texts

To help you understand challenging texts, look for cognates and near cognates. Sometimes saying a word out loud can help you work out its meaning, e.g. try saying **campeones** (exercise 3). What do you think this means? Use context and your common sense, too.

a what prize he was the first Spanish actor to win
b when he was born
c when he achieved international fame
d when he played a villain
e how he came to Hollywood
f what his first film was

Perfil de Javier Bardem

Nombre artístico: Javier Bardem
Nombre real: Javier Ángel Encinas Bardem
Fecha de nacimiento: 1 de marzo de 1969
Lugar de nacimiento: Las Palmas de Gran Canaria

Javier Bardem creció en una familia de actores y apareció en su primera película, *El Pícaro* (1974), a los seis años. Durante los años noventa, ganó varios premios por su participación en el cine español.

Llegó a Hollywood para interpretar al poeta cubano Reinaldo Arenas en la película *Before Night Falls* (2000). Aunque fue su primera actuación en inglés, obtuvo fama internacional.

Ganó el Oscar como mejor actor secundario por su actuación en *No Country For Old Men* (2007). Fue el primer actor español en ganar este premio.

En 2008 interpretó a un apasionado artista en *Vicky Cristina Barcelona*, al lado de la actriz Penelope Cruz. Ahora está casado con ella. Después, fue el villano que enfrentó a James Bond en la película *Skyfall* (2012).

Copia y completa el resumen del artículo en inglés.

Ejemplo: **1** six

Javier Bardem grew up in an acting family and appeared in his first film at the age of **1** ——. During the nineties, he won various prizes in Spanish **2** ——. He came to Hollywood to play the role of **3** —— in the film *Before Night Falls* and even though this was his first English-speaking role, he achieved **4** ——. He **5** —— for best supporting actor for his performance in *No Country For Old Men*. In 2008, he played a passionate **6** —— in *Vicky Cristina Barcelona* alongside Penelope Cruz, who he is now married to. Then he played the villain that faced **7** —— in **8** ——.

Lee el texto. ¿Qué dos datos no se encuentran en el texto?
*Read the text. Which two pieces of information are **not** given in the text?*

- **a** what the film is called
- **b** what type of film it is
- **c** who is in it
- **d** when it is on
- **e** how long it lasts
- **f** where you can see it

SKILLS

Reading for gist

When you are faced with a challenging text, try to read for gist first. If the text is divided up by headings, use these to help you work out what each section is about.

Vídeos Fotos Descargas Reportajes

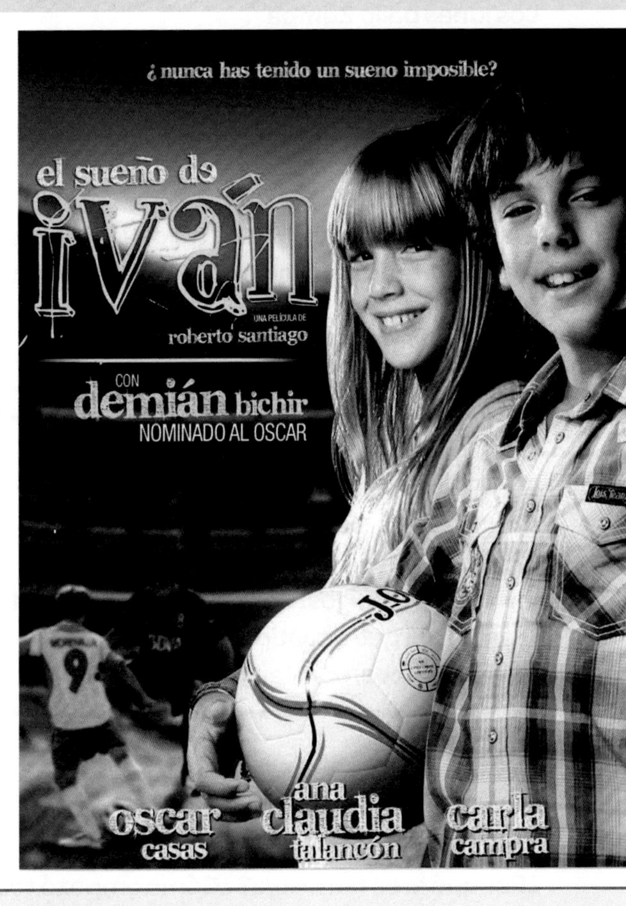

El sueño de Iván

Título: *El sueño de Iván*

Director: Roberto Santiago

Género: Comedia

Duración: 1 hora y 41 minutos

Actores: Óscar Casas (Iván), Carla Campra (Paula), Fergus Riordan (Morenilla), Demián Bichir (Entrenador Torres), Ana Claudia Talancón (Amy), Antonio Resines (El Abuelo), Fernando Tejero (Toribio), Ernesto Alterio (Gallardo)

Argumento: Iván es un niño de once años que va a jugar contra los campeones del mundo de fútbol. También va a vivir su primera gran historia de amor. Por primera vez, una selección de futbolistas famosos va a jugar contra ¡niños! en un partido benéfico para ayudar a las víctimas de un desastre: un terrible terremoto en África. Millones de personas van a ver el partido en la televisión.

Rodaje: El rodaje duró ocho semanas y tuvo lugar en Alicante y en México.

4 LEER Lee el texto otra vez. Pon las frases en el orden del texto.

Ejemplo: c, ...

- **a** Millions of people are going to watch the game on TV.
- **b** It is a charity game to help the victims of a terrible earthquake in Africa.
- **c** Iván is going to play in a match against champion football players.
- **d** The film was made in Alicante and Mexico.
- **e** He is also going to fall in love for the first time.

5 LEER Copia y completa la tabla con palabras del texto del ejercicio 3.

words / phrases I already knew	cognates / near cognates	words I worked out using context or common sense	words I worked out using headings	words I had to look up

● say what I like and don't like	Me chifla el judo. No me gustan nada los insectos.
● ask someone what they like / dislike	¿Qué cosas te molan? ¿Qué cosas no te gustan?
■ use the present tense of **ir**, **hacer** and **ser**	Voy al parque. Hago natación. Soy miembro de un club.
S use expressions of frequency	casi todos los días, muy a menudo

● say what I do on different days	Los lunes bailo Zumba®.
● ask someone about their week	¿Cómo organizas tu semana?
■ use the present tense of regular verbs	Cocino. Leo revistas. Escribo canciones.

● say what type of film I am going to see	Voy a ver una película de acción.
● say whether I want to go	Claro que sí. Voy a ir. / ¡Qué rollo! No voy a ir.
● say what type of films I like	Me encantan las películas de ciencia ficción.
■ use the indefinite or definite article	Voy a ver **una** comedia. Me molan **las** comedias.
■ use the near future tense	Voy a comer palomitas.

● say who I celebrated my birthday with	Celebré mi cumpleaños con mi familia.
● say where I / we went	Fui / Fuimos al parque de atracciones.
● say what I / we did there	Comí helado. Bebimos refrescos.
● say what I thought of it	¡Lo pasé guay!
■ use the preterite of regular verbs	Invité a mis amigos. Comí tarta. Recibí regalos.
■ use the preterite of **ir** and **ser**	Fui a un parque acuático. Fue alucinante.
S use sequencers	primero, luego, más tarde

● say why I am famous	Diseño ropa.
● say how it all began	A los diez años recibí una cámara.
● say what I am going to do in the future	En el futuro voy a viajar.
● interview a famous person	¿Por qué eres famoso/a? ¿Cómo empezó todo?
■ use the present and preterite of **hacer**	Hago yoga. Hice muchas cosas.
■ use three tenses together	Soy DJ. Fui a Ibiza. Voy a abrir una discoteca.

S use listening strategies:
- make predictions before listening
- listen for clues in background noises
- listen for indirect information
- listen for time markers and tenses

S use reading strategies to understand authentic texts:
- read a text for gist first
- use headings as a way into a text
- use cognates and context to work out meaning

Escucha y completa la tabla en inglés. (1–4)

1 Marta **2** Felipe **3** Yasmina **4** Adrián

	name	likes	does this when / how often?	any other details
1	Marta	martial arts, judo	every day	member of judo club, yellow belt

Con tu compañero/a, haz un diálogo. Utiliza los dibujos A o B e inventa otros detalles. Luego cierra el libro e inventa otro diálogo.
With your partner, create a dialogue. Use picture sets A or B and invent other details. Then close the book and invent another dialogue.

- **¿Cuándo celebraste tu cumpleaños?**
- **¿Adónde fuiste y con quién?**
- **¿Qué hiciste?**
- **¿Cómo fue?**

Lee el texto y elige la respuesta correcta.

Hola, me llamo Enrique. Me flipa la naturaleza, así que voy al parque casi todos los días. Voy de paseo con mis tres perros. El fin de semana pasado fui al zoo con mi familia, donde vimos muchos animales. Fue increíble.
También me chifla el cine, sobre todo las películas de acción porque son apasionantes y divertidas. Mi actriz favorita es Kristen Stewart porque es guapa. El viernes voy a ver una comedia con mi amiga Josefina porque es su cumpleaños. Normalmente no me gustan nada las comedias (porque son aburridas), pero a ella le encantan. Vamos a comer palomitas, por supuesto, y vamos a reír. ¡Va a ser guay!

1. Enrique goes to the park *almost every day* / *three times a week*.
2. Enrique *is going to the zoo* / *went to the zoo* at the weekend.
3. Enrique likes Kristen Stewart's *looks* / *acting*.
4. It's *Josefina's* / *Enrique's* birthday on Friday.
5. *Josefina* / *Enrique* thinks comedies are boring.
6. Enrique *ate popcorn at the zoo* / *is going to eat popcorn at the cinema*.

Escribe un párrafo sobre tus actividades.

Include:
- what you like and give details
- where you went last weekend and give details (e.g. when /how often you do it)
- who you went with and what you did
- what it was like
- what films you like and why
- what film you are going to see and when.

The present tense

There are three groups of regular verbs in Spanish: **-ar**, **-er**, and **-ir**. Remember to replace the infinitive ending with the endings shown in bold to form the present tense.

bail**ar**	to dance	com**er**	to eat	escrib**ir**	to write
bail**o**	I dance	com**o**	I eat	escrib**o**	I write
bail**as**	you dance	com**es**	you eat	escrib**es**	you write
bail**a**	he/she dances	com**e**	he/she eats	escrib**e**	he/she writes
bail**amos**	we dance	com**emos**	we eat	escrib**imos**	we write
bail**áis**	you (pl) dance	com**éis**	you (pl) eat	escrib**ís**	you (pl) write
bail**an**	they dance	com**en**	they eat	escrib**en**	they write

Some verbs are irregular. Learn these by heart. Look back at page 9 to see how **ir** (to go), **hacer** (to do) and **ser** (to be) work in the present tense.

1 Copy and complete the text with the correct present-tense verb.

Me llamo Fabio. Los lunes **1** ___ a la piscina donde **2** ___ natación. Los martes mis hermanos y yo **3** ___ Zumba® – **4** ___ miembros de un club. Los miércoles mi hermana **5** ___ el piano. También **6** ___ canciones muy a menudo. Los jueves mis hermanos **7** ___ para mi familia. Los viernes **8** ___ libros y **9** ___ helados.

bailamos   leo   cocinan   toca   voy   somos   como   hago   escribe

The present tense of stem-changing verbs

In stem-changing verbs, the vowel in the stem changes in the 'I', 'you' (singular), 'he/she' and 'they' forms.

jugar (to play) → **jue**go (I play), **jue**gan (they play)
preferir (to prefer) → pref**ie**ro (I prefer), pref**ie**re (he/she prefers)

Entender (to understand) and **querer** (to want) work in the same way as **preferir** in the present tense.

2 Unjumble the verbs, then translate the sentences into English.

1 *egouJ* en mi consola después del insti.
2 ¿Qué *feeeprirs*, el cine o la moda?
3 *ugJane* al fútbol casi todos los días.
4 Berta *frerpeei* recetas mexicanas.
5 ¿*esQurei* palomitas?
6 No *eeiontnd* el racismo.

The near future tense

You use the near future tense to say what you are going to do. To form the near future tense, use the present tense of **ir** (to go) + **a**, followed by the infinitive. See all the parts of **ir** on page 12.

Voy a comer palomitas. I am going to eat popcorn.
Vamos a jugar al tenis. We are going to play tennis.

3 Translate these sentences into Spanish.

1 We are going to see a horror film.
2 Are you (singular) going to come?
3 They are going to open a nightclub.
4 In the future, I am going to travel.
5 It is going to be cool.
6 Are you (plural) going to take photos?

The preterite

You use the preterite to talk about the past. For regular verbs, replace the infinitive ending with the endings in bold, below.

nad**ar**	to swim	beb**er**	to drink	escrib**ir**	to write
nad**é**	I swam	beb**í**	I drank	escrib**í**	I wrote
nad**aste**	you swam	beb**iste**	you drank	escrib**iste**	you wrote
nad**ó**	he/she swam	beb**ió**	he/she drank	escrib**ió**	he/she wrote
nad**amos**	we swam	beb**imos**	we drank	escrib**imos**	we wrote
nad**asteis**	you (pl) swam	beb**isteis**	you (pl) drank	escrib**isteis**	you (pl) wrote
nad**aron**	they swam	beb**ieron**	they drank	escrib**ieron**	they wrote

The irregular verbs **ir** (to go) and **ser** (to be) are the same in the preterite. For example, **fui** means 'I went' and 'I was', **fuimos** means 'we went' and 'we were'. See all the parts on page 14.

Some verbs have a spelling change in the **yo** form of the preterite:

sacar (to take) → sa**qu**é (I took)
tocar (to play an instrument) → to**qu**é (I played)
jugar (to play) → jug**u**é (I played)
empezar (to begin) → empe**c**é (I began)

Hacer (to do or make) is irregular in the preterite:

hice	I did	**hic**imos	we did
hiciste	you did	**hic**isteis	you (pl) did
hizo	he/she did	**hic**ieron	they did

4 How do you say the following in Spanish? Choose the correct answer.

1 he ate
a comí b comieron c comió

2 we received
a recibimos b recibiste c recibieron

3 you (sg) travelled
a viajó b viajaste c viajasteis

4 I played
a jugué b jugé c jugó

5 you (pl) went
a fuiste b fueron c fuisteis

6 they did
a hizo b hicimos c hicieron

Using different tenses

Use the **present tense** to describe something that you **do** now or that you regularly **do**.
Use the **preterite** to describe what you **did** in the past.
Use the **near future tense** to talk about what you are **going to do**.

5 Read the text and fill in the gaps with the correct verb. There are two verbs too many.

Los fines de semana **1** ___ al parque, donde **2** ___ al voleibol. **3** ___ miembro de un club de voleibol. Me encanta. El sábado pasado **4** ___ todo el día y luego **5** ___ a un restaurante con mis amigos. El año que viene **6** ___ un torneo en Madrid.

voy a ser | juego | voy a ver | jugué | soy | veo | voy | fui

6 Copy this text and put the infinitives in brackets into the 'yo' form of the correct tense.

1 (Ser) entrenador de judo. **2** (Hacer) judo todos los días y **3** (ser) cinturón negro. A los siete años **4** (recibir) un judogi y **5** (empezar) a hacer judo. En el futuro **6** (abrir) una escuela de judo y **7** (dedicar) mi vida a las artes marciales. También **8** (practicar) taekwondo.

Opiniones Opinions

¿Qué cosas te gustan?	What things do you like?	**el racismo**	racism
¿Qué cosas te encantan / te chiflan / te flipan / te molan?	What things do you love?	**el teatro**	theatre
		la moda / la música	fashion / music
		la naturaleza / la pesca	nature / fishing
Me gusta(n)...	I like...	**la violencia**	violence
Me encanta(n) / Me chifla(n) / Me flipa(n) / Me mola(n)...	I love...	**los cómics / los lunes**	comics / Mondays
		los insectos	insects
		las artes marciales	martial arts
No me gusta(n) (nada)...	I don't like... (at all).	**las injusticias**	injustice
el baile / el cine	dance / cinema	**las tareas domésticas**	household chores
el deporte / el dibujo	sport / drawing		

En mi tiempo libre In my free time

Hago judo / natación.	I do judo / go swimming.	**Voy de pesca.**	I go fishing.
Voy al parque / polideportivo.	I go to the park / sports centre.	**Soy miembro de un club / un equipo.**	I am a member of a club / a team.

Expresiones de frecuencia Expressions of frequency

a veces	sometimes	**casi todos los días**	almost every day
dos veces a la semana	twice a week	**todo el tiempo**	all the time
muy a menudo	very often	**siempre**	always

¿Cómo organizas tu semana? How do you organise your week?

Bailo Zumba®.	I dance Zumba.	**Navego por Internet.**	I surf the internet.
Cocino para mi familia.	I cook for my family.	**Preparo la cena.**	I prepare dinner.
Escribo canciones.	I write songs.	**Saco fotos.**	I take photos.
Juego en mi consola.	I play on my games console.	**Toco el teclado.**	I play the keyboard.
Leo revistas / libros.	I read magazines / books.	**Veo un partido de fútbol.**	I watch a football game.
Monto en bici.	I ride a bike.		

¿Cuándo? When?

después del insti	after school	**los lunes / martes**	on Mondays / Tuesdays
este fin de semana	this weekend	**los jueves por la tarde**	on Thursday afternoons
los fines de semana	at weekends	**mañana por la tarde**	tomorrow afternoon

Cartelera de cine What's on at the cinema

Voy a ver...	I am going to see...	**una película de fantasía**	a fantasy film
una comedia	a comedy	**una película de superhéroes**	a superhero film
una película de acción	an action film		
una película de animación	an animated film	**una película de terror**	a horror film
una película de aventuras	an adventure film	**¿Vas a venir?**	Are you going to come?
una película de ciencia ficción	a science-fiction film	**¿Vamos a ver?**	Are we going to see...?

Reacciones Reactions

Claro que sí.	Of course.	**¿Estás loco/a?**	Are you crazy?
De acuerdo.	All right.	**¡Ni en sueños!**	Not a chance!
(No) voy a ir.	I am (not) going to go.	**¡Qué rollo!**	How boring!
No, gracias.	No thanks.		

¿Qué tipo de películas te gustan? What type of films do you like?

Me encantan las comedias.	I love comedies.	**¿Qué tipo de película es?**	What type of film is it?
No me gustan las películas de terror.	I don't like horror films.	**Es una comedia.**	It is a comedy.
		En mi opinión…	In my opinion…
Mi película favorita es…	My favourite film is…	**Creo / Pienso que…**	I think (that)…

¿Cómo fue tu cumpleaños? How was your birthday?

Celebré mi cumpleaños con mi familia / mis amigos.	I celebrated my birthday with my family / friends.	**Invité a mis amigos a pasar la noche en mi casa.**	I invited my friends to sleep over at my house.
		Bebí / Bebimos refrescos.	I / We drank soft drinks.
¿Qué hiciste?	What did you do?	**Comí / Comimos tarta de cumpleaños.**	I / We ate birthday cake.
Fui / Fuimos al parque de atracciones.	I / We went to the theme park.	**Recibí muchos regalos.**	I received lots of presents.
		Fue alucinante / increíble.	It was amazing / incredible.

Palabras muy frecuentes High-frequency words

así que	so, therefore	**más tarde**	later
casi	nearly, almost	**o**	or
primero	first	**por supuesto**	of course
luego	then	**quizás**	maybe
después	afterwards	**también**	also

Estrategia 1
Using the preterite

Many verbs in Module 1 are regular in the preterite:

celebrar	(to celebrate)	→ **celebré**	(I celebrated)
comer	(to eat)	→ **comí**	(I ate)
recibir	(to receive)	→ **recibí**	(I received)

You've also met some verbs that are irregular:

ver	(to see)	→ **vi**	(I saw)
hacer	(to do / make)	→ **hice**	(I did / made)
ser	(to be)	→ **fui**	(I was)
ir	(to go)	→ **fui**	(I went)

Try writing these verbs out on sticky notes and sticking them on your diary, around your bedroom or on your fridge, so that you see them often and learn them.

¡PROYECTO! Así soy yo

- Writing a rap
- Using rhyme and rhythm in Spanish

Pon en parejas las palabras que riman.
Pair up the words that rhyme.

Ejemplo: animación – pasión

libro animación animales genial terror
miembro viajar artes marciales cocinar pasión
horror alucinante fenomenal importante

Zona Cultura

Rap in Spain is mostly hip-hop based, whilst Latin American rappers draw on many musical influences to create new sounds and content, which are less urban than UK or US rap.

Con tu compañero/a, empareja las dos frases que riman y tienen el mismo ritmo.
With your partner, match up the two sentences that rhyme and have the same rhythm.

Ejemplo: **1** d

1 Fanático del fútbol – así soy yo.
2 Ayer comí tortilla.
3 Las películas de acción son mis favoritas.
4 El deporte es mi pasión.
5 Me chifla el baile. ¡Fenomenal!

a Creo que tienes razón.
b Me gusta ir al cine y comer palomitas.
c Me gusta la música. ¡Es genial!
d Juego los viernes con mi equipo.
e ¡Es una maravilla!

Escucha y comprueba tus respuestas. (1–5)

Escucha el rap y completa las frases.

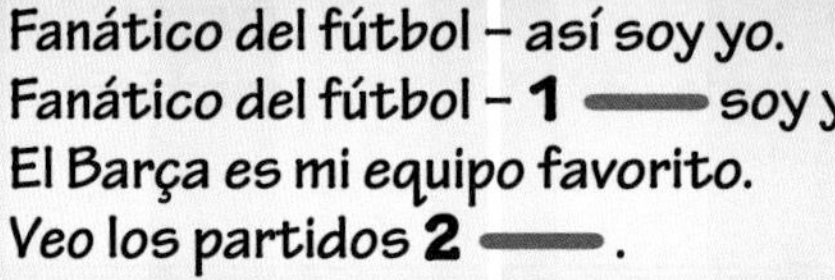

Fanático del fútbol – así soy yo.
Fanático del fútbol – **1** ——— soy yo.
El Barça es mi equipo favorito.
Veo los partidos **2** ———.

Fanático del fútbol – así soy yo.
Fanático del fútbol – así soy yo.
Soy miembro de un **3** ———. Soy el portero.
Juego después del insti cuando hace buen tiempo.

Fanático del fútbol – así soy yo.
Fanático del fútbol – así soy yo.
La semana pasada **4** ——— mi cumpleaños.
Yo vi un partido con un grupo de **5** ———.

Fanático del fútbol – así soy yo.
Fanático del fútbol – así soy yo.
El verano que viene voy a ver otro **6** ———.
Voy a ir a Madrid a mi estadio favorito.

Fanático del fútbol – así soy yo.
Fanático del fútbol – así soy yo.

Escribe las letras de las frases correctas para cada persona.

1 Fanático de la comida – así soy yo.

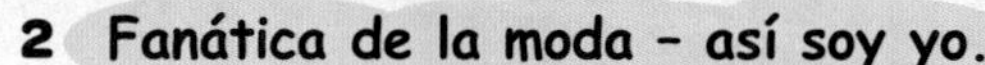

2 Fanática de la moda – así soy yo.

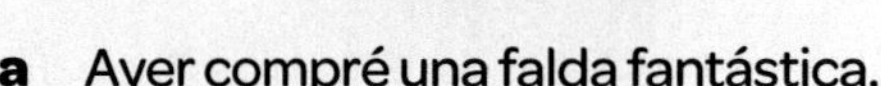

el pulpo	*octopus*

a Ayer compré una falda fantástica.
b Mi vida a la comida yo voy a dedicar.
c Ayer en casa comí calamares.
d Voy a comprar una chaqueta gris.
e Pulpo, pollo o ensalada…
f Me chifla la moda, soy fanática.
g Normalmente cocino todos los días.
h Mañana voy a ir de compras a París.

Utiliza las frases del ejercicio 5 para escribir dos raps posibles, uno para cada persona.

Ejemplo: **1** Fanático de la comida – así soy yo.
Ayer en casa comí calamares.
…

Con tu compañero/a, haz una lluvia de ideas sobre frases para un rap.
With your partner, brainstorm phrases for a rap.

Fanático/a de la música – así soy yo.

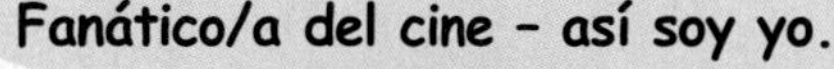

Fanático/a del cine – así soy yo.

favorito/
divertido

escuchar/
bailar

Look back at Units 1 and 2 in this module to help you with ideas and vocabulary.

Con tu compañero/a, escribe el rap 'Fanático/a de la música – así soy yo' o 'Fanático/a del cine – así soy yo'.

- Think about the rhythm.
- Come up with a 'beat'.
- Think about the rhymes.
- Use the structure of the rap in exercise 4 to help you.
- Write at least three verses.
- Try to refer to the past, the present and the future.

Con tu compañero/a, haz un vídeo de tu rap.

¡Oriéntate!

1 Enrique Iglesias trabaja como…

a conductor de autobuses
b cantante
c piloto
d astronauta

2 Salvador Dalí trabajó como…

a fotógrafo
b policía
c artista
d secretaria

3 Empareja los empleos con las fotos correctas.

1 dentista
2 florista
3 programador
4 arqueólogo

a

b

c

d
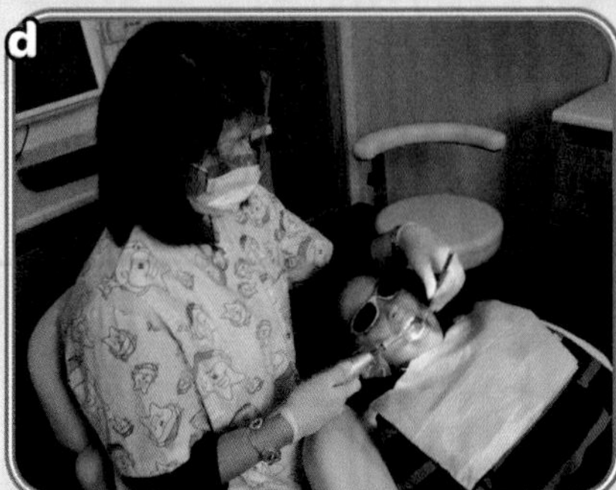

¿Quién trabaja como…?

1 actriz
2 diseñador
3 piloto de Fórmula 1
4 futbolista
5 jugador de baloncesto

a Fernando Alonso

b Penélope Cruz

c Fernando Torres

d Pau Gasol

e Óscar de la Renta

En tu opinión, ¿cuál es el orden de importancia de estas industrias en España?

a ropa y textil
b turismo
c automóviles
d alimentos y bebidas

¿ Did you know that the high street fashion stores *Zara* and *Mango* are both Spanish? *Zara* launches around 10,000 new designs each year and it takes just two to three weeks for their designs to become products on the shop floor! Of these products, 50% are made in and around Spain, 26% in the rest of Europe and the remaining 24% in other parts of the world. ?

¿Qué tipo de persona trabaja como payaso?

Trabajar como payaso

Trabajar como payaso es una alternativa de empleo que se presenta como una opción ideal para muchos jóvenes extrovertidos y también para adultos. No hay límite de edad, sólo es necesaria una personalidad divertida, creativa y paciente.

Hotel Catástrofe

- Saying what you have to do at work
- Using **tener que**

1 ¿En qué consiste su trabajo? Escribe la letra correcta.

¿En qué consiste tu trabajo?

Ejemplo: **1** e

a  Soy camarero.

b 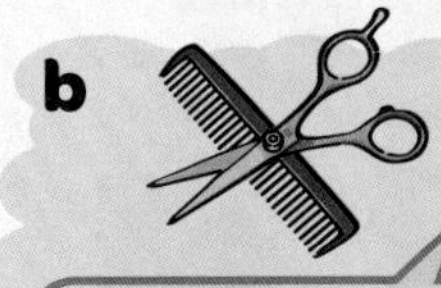 Soy peluquero.

c  Soy limpiadora.

d  Soy jardinero.

e Soy cocinera.

f  Soy esteticista.

g Soy dependiente.

h 

Soy recepcionista.

1 Tengo que preparar comida.
2 Tengo que cortar el pelo a los clientes.
3 Tengo que servir la comida en el restaurante.
4 Tengo que limpiar habitaciones.
5 Tengo que vender productos en la tienda.
6 Tengo que cuidar las plantas.
7 Tengo que contestar al teléfono y ayudar a los clientes.
8 Tengo que hacer manicuras.

Gramática

Tener + que + infinitive = to have to

Tengo que limpiar habitaciones.	I have to clean rooms.
¿Tienes que contestar al teléfono?	Do you have to answer the phone?

Remember that **tener** is an irregular verb. Revise the full verb in the present tense on page 46.

>> p46

2 Escucha y comprueba tus respuestas. (1–8)

3 Busca el equivalente de las frases en español en el ejercicio 1.

Ejemplo: **1** cuidar las plantas

1 to look after the plants
2 to answer the telephone
3 to sell products in the shop
4 to clean rooms
5 to help customers
6 to prepare food
7 to do manicures
8 to cut hair

4 Con tu compañero/a, elige un trabajo del ejercicio 1. Haz mímica de tu trabajo. Tu compañero/a adivina en qué trabajas.

With your partner, choose a job from exercise 1. Mime your job. Your partner guesses what you work as.

- **¿En qué consiste tu trabajo?**
- [Mime cutting hair.]
- **¿Tienes que cortar el pelo?**
- Sí, tengo que cortar el pelo.
- **¿Eres peluquero/a?**
- Sí, soy peluquero/a.

When saying what job you do, you don't use an indefinite article: **Soy recepcionista.**

Some job titles have different masculine and feminine endings:
peluquero → peluquera
dependiente → dependienta

However, some don't change, e.g. **recepcionista**.

Pronunciación

Remember, in Spanish **j** is pronounced as a raspy **h** sound, e.g. **j**ardinero, traba**j**o, **j**efe.

>> p133

Empareja las opiniones con las personas correctas en el dibujo del hotel.

Ejemplo: **1** e

1
No me gusta nada mi trabajo. Es estresante y además mi jefe no es muy educado.

2
Me encanta mi trabajo. Es interesante y bastante creativo. Además, mi compañero es muy simpático.

3
Me encanta mi trabajo porque es estimulante. ¡Me chifla la naturaleza! No es monótono. Además, los clientes son muy educados.

4
Por lo general me gusta mi trabajo, pero a veces es difícil porque los clientes son exigentes y además no son simpáticos.

5
No me gusta nada mi trabajo. Es duro porque los hijos de los clientes son maleducados y además el trabajo es repetitivo.

mi jefe	*my boss*
educado/a	*polite*
exigente	*demanding*

Escucha. Copia y completa la tabla en inglés. (1–3)

	job	what (s)he has to do	opinion and reasons
1	hairdresser	cut hair	…

Con tu compañero/a, haz un diálogo. Utiliza las preguntas e inventa tus respuestas.

- **¿En qué consiste tu trabajo?**
- **¿Cómo es tu jefe?**
- **¿Cómo son los clientes?**
- **¿Cómo son los hijos de los clientes?**

Trabajas en un parque de atracciones. Describe tu trabajo.

Write about:

- what your job is
- whether you like it and give reasons (using expressions such as **por lo general**, **porque** and **además**)
- what you have to do
- what your boss is like
- what the customers are like.

¿En qué te gustaría trabajar?

- Saying what job you would like to do
- Using correct adjective agreement

1 Escucha y lee. Escribe la letra correcta. (1–8)

Ejemplo: **1** d

¿En qué te gustaría trabajar?

1 Soy muy ambicioso. Quiero ser cantante.

2 Soy muy responsable, así que me gustaría ser policía.

3 En mi opinión, soy bastante independiente. Quiero ser taxista.

4 Pienso que soy muy práctico. Por eso quiero ser mecánico.

5 Creo que soy bastante paciente, así que me gustaría ser enfermera.

6 Soy creativa y sociable. Por eso quiero ser diseñadora.

7 En mi opinión, soy muy serio, así que me gustaría ser periodista.

8 Creo que soy inteligente y organizada, y por eso quiero ser abogada.

Gramática

Remember, adjectives must agree in gender and in number with the nouns they describe.

singular		plural	
masculine	**feminine**	**masculine**	**feminine**
creativo responsable	creativa responsable	creativos responsables	creativas responsables

>> p46

SKILLS

Así que and **por eso** both mean 'so / therefore'.

Use **así que** in the middle of a sentence.

Use **por eso** at the beginning of a sentence or after **y**.

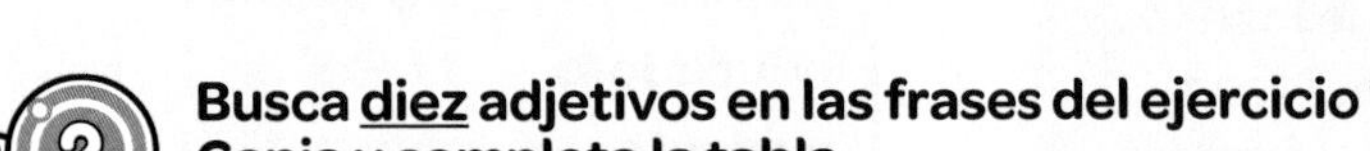

2 Busca diez adjetivos en las frases del ejercicio 1. Copia y completa la tabla.

singular		plural	
masculine	**feminine**	**masculine**	**feminine**
ambicioso	ambiciosa	ambiciosos	ambiciosas

3 Escucha. ¿Qué tipo de persona es? ¿En qué le gustaría trabajar? Apunta los datos en español para cada persona. (1–4)

	carácter	trabajo
1	paciente, …	

4 Rubén y Alejandra hacen un cuestionario. Escucha y lee las preguntas. Apunta sus respuestas.

Ejemplo: **1** Rubén: b, Alejandra: …

al aire libre *in the open air*

1 ¿Qué te gustaría más? **a** trabajar en una oficina **b** trabajar al aire libre

2 ¿Qué te gustaría más? **a** trabajar solo/a **b** trabajar en equipo

3 ¿Qué te gustaría más? **a** hacer un trabajo creativo **b** hacer un trabajo manual

4 ¿Qué no te gustaría nada? **a** trabajar con niños **b** trabajar con animales

Con tu compañero/a, haz el cuestionario del ejercicio 4.

- **Pregunta número uno: ¿Qué te gustaría más? (a) trabajar en una oficina o (b) trabajar...**
- **A ver / Bueno / Pues...**

Imagina que eres esta persona. Describe tu carácter y tus ambiciones.

Creo que soy... y también soy... Por eso me gustaría ser...
Me gustaría... No me gustaría...

Lee los anuncios. Empareja las personas (1–4) con el empleo correcto (a–f). Sobran dos anuncios.
Read the adverts. Match the people to the correct job. There are two adverts too many.

me da igual	*I don't mind*
trabajador(a)	*hard-working*

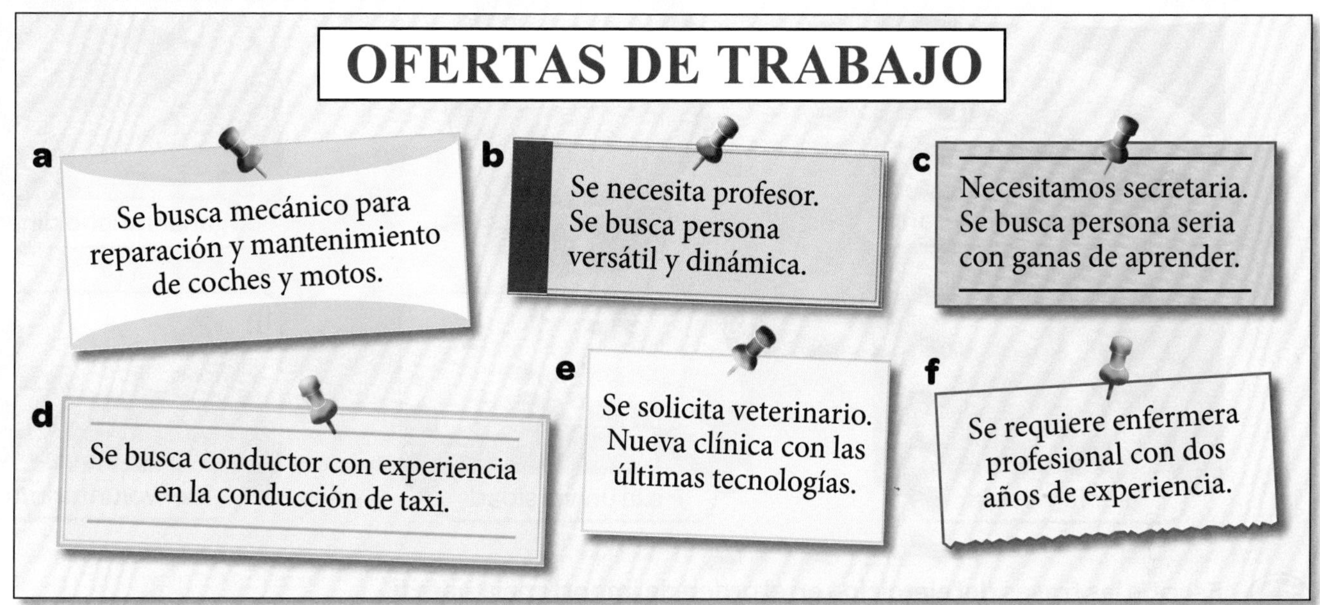

1 Pienso que soy inteligente y organizado. Además, soy serio, pero no soy muy creativo. Me gustaría trabajar en una oficina, solo o en un equipo. Me da igual.

2 Creo que soy trabajador y también responsable. Me gustaría hacer un trabajo manual. Me chiflan las motos. Son geniales, sobre todo las Harley-Davidson.

3 Pienso que soy muy paciente y bastante sociable. Además, soy independiente. Me gustaría trabajar con niños porque son muy divertidos. A mí no me gustaría nada trabajar al aire libre.

4 En mi opinión, soy inteligente y bastante práctica. Además, soy muy organizada. Me gustaría trabajar con animales.

¿En qué te gustaría trabajar? Haz una presentación.

Say:

- what you think you are like **(Creo que soy muy... y también pienso que soy bastante...)**
- where you want to work **(Me gustaría trabajar al / en...)**
- what you want to be **(Por eso quiero ser... / así que me gustaría ser...)**
- what you would not like to do **(No me gustaría nada...)**.

¿Cómo va a ser tu futuro?

- Talking about your future
- More practice with the near future tense

Escucha. ¿Qué van a hacer en el futuro? Escribe las <u>dos</u> letras correctas para cada persona. (1–4)

Ejemplo: **1** g, ...

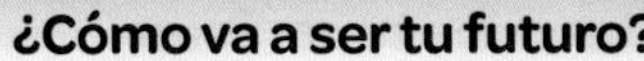

¿Cómo va a ser tu futuro?

a tener hijos

b viajar

c vivir en el extranjero

d hacer un trabajo interesante

Voy a...

e ganar mucho dinero

f ser famoso/a

g ir a la universidad

h ser voluntario/a

Escribe las frases del ejercicio 1 en el orden de importancia para ti.

Compara tu lista del ejercicio 2 con tu compañero/a.

Ejemplo:

- **Pues... ser voluntario es muy importante para mí.**
- **No estoy de acuerdo. Eh... ser famoso/a es más importante para mí.**

Use fillers to help you sound more Spanish when you are thinking about what to say:

Pues... Bueno... A ver... Eh... No sé ...

Gramática

Use the present tense to say <u>what is happening now</u>.
Use the near future tense to say <u>what is going to happen in the future</u>.

Viajo mucho. I travel a lot.	**Voy a viajar mucho.** I am going to travel a lot.
Ganas dinero. You earn money.	**Vas a ganar dinero.** You are going to earn money.
Es interesante. It is interesting.	**Va a ser interesante.** It is going to be interesting.

Look back at page 12 to help you form the near future tense.

>> p46

Lee la canción y completa las frases con las palabras del recuadro. Luego, escucha la canción, comprueba tus respuestas y ¡canta!

Estribillo
Adivina, adivina, ¿qué voy a **1** ___?
Consulta tu bola, ¿cómo va a ser?
Adivina, adivina, ¿qué vas a ver?
Mi futuro, mi futuro, ¿cómo **2** ___ ser?

Soy creativo, ambicioso, no **3** ___ nada serio.
¿Cuál va a ser mi futuro?

Eres creativo, ambicioso, no eres nada serio.
En el futuro vas **4** ___ mucho dinero.
¡**5** ___ extraordinario!

(Estribillo)

Soy paciente, inteligente, no soy nada práctico.
¿Cuál va a ser mi futuro?

Eres paciente, inteligente, no **6** ___ nada práctico.
Si consulto mi bola... ¡**7** ___ voluntario!
¡Va **8** ___ inolvidable, chico!

(Estribillo)

Así va a ser tu futuro...

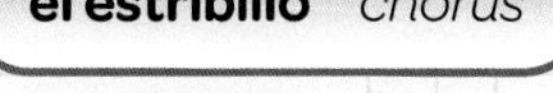

el estribillo *chorus*

vas a ser
va a
hacer
va a ser
a ser
a ganar
soy
eres

Lee los textos. Copia y completa la tabla con las letras correctas.

	presente	futuro
Penélope	f, ...	
Santiago		

En este momento trabajo en un hotel. Soy limpiadora. Tengo que limpiar habitaciones y a veces tengo que ayudar a los clientes. No me gusta nada mi trabajo. Es repetitivo y además, mi jefe es muy antipático. Soy bastante creativa, y por eso en el futuro me gustaría hacer un trabajo creativo. Voy a viajar y luego voy a vivir en el extranjero. Voy a ser artista. Va a ser mucho más estimulante.
Penélope

En este momento trabajo en un restaurante. Soy camarero y tengo que servir la comida a los clientes. Me gusta mi trabajo, pero a veces es difícil porque los clientes son exigentes, y además los niños son maleducados. Me chifla la música y soy muy ambicioso. Quiero ser cantante. No me gustaría nada trabajar en una oficina. En el futuro voy a ser famoso y voy a ganar mucho dinero. ¡Va a ser flipante!
Santiago

a 

b 

c 

d 

e 

f 

g 

h 

Tienes una bola de cristal. Haz predicciones para <u>dos</u> amigos/as. Luego escribe tus propias predicciones.
You have a crystal ball. Make predictions for <u>two</u> friends. Then write predictions for yourself.

Ejemplo:

Creo que eres muy... y bastante...
En mi opinión, vas a ser / trabajar / ir...
Va a ser...

SKILLS

Using two tenses
Using two tenses (e.g. the present and the near future) adds variety to your writing and helps to raise your level.

¿Cómo es un día típico?

- Describing your job
- More practice using three tenses

Escucha y lee la entrevista. ¿Qué dos cosas no se mencionan?

¿En qué trabajas?
Soy guía turístico.

¿Por qué decidiste ser guía turístico?
Me gusta mucho conocer gente nueva, y por eso decidí ser guía turístico. Estudié en una escuela de turismo y me encantó.

¿Cómo es un día de trabajo típico?
Primero voy a la oficina y leo mi agenda. Luego diseño y organizo visitas. Hablo con turistas, busco información y a veces salgo con grupos.

¿Qué cualidades tiene que tener un guía turístico?
Tienes que ser organizado, responsable y muy tolerante.

¿Los idiomas son importantes en tu trabajo?
Por supuesto. Hablo español, inglés y alemán. Tengo que hablar con grupos de visitantes de nacionalidades diferentes. Para un guía turístico, hablar idiomas es una cosa muy importante.

¿Cuáles son tus ambiciones para el futuro?
Quiero ser director de una oficina de turismo. Voy a estudiar y un día voy a trabajar como director. ¡Va a ser guay!

las cualidades	*qualities*
los idiomas	*languages*
el alemán	*German*

- **a** Paco loved studying to be a tour guide.
- **b** Paco designs and organises visits.
- **c** Paco drives a tour bus.
- **d** Tour guides have to be organised, responsible and very tolerant.
- **e** Paco has to speak to groups of visitors of different nationalities.
- **f** Paco thinks that speaking languages is very important for a tour guide.
- **g** Paco speaks Portuguese.
- **h** Paco wants to be in charge of a tourist office.
- **i** Paco is going to study in order to do this.

Gramática

Remember, -ar, -er and -ir verb groups follow different patterns in the present tense and the preterite. Learn irregular verbs by heart.

	infinitive	present	preterite	near future
regular verbs	**trabajar** **leer** **decidir**	trabajo leo decido	trabajé leí decidí	voy a trabajar voy a leer voy a decidir
irregular verbs	**salir** **tener** **ir** **ser** **hacer**	salgo tengo voy soy hago	salí tuve fui fui hice	voy a salir voy a tener voy a ir voy a ser voy a hacer

>> p47

Copia y completa la tabla para los nueve verbos subrayados en el ejercicio 1. Rellena todas las columnas.

infinitive	present	preterite	near future
ser	soy	…	…

Traduce al inglés el texto del ejercicio 1 desde '¿Los idiomas son importantes en tu trabajo?' hasta 'una cosa muy importante'.

Zona Cultura

Spanish is the second most widely spoken first language in the world after Mandarin! If you want to work in industry, fashion or tourism, it is an extremely useful language to learn.

Esta chica es diseñadora. Empareja las preguntas con sus respuestas.

Ejemplo: **1** c

1 ¿En qué trabajas?
2 ¿Por qué decidiste ser diseñadora?
3 ¿Cómo es un día de trabajo típico?
4 ¿Qué cualidades tiene que tener una diseñadora?
5 ¿Los idiomas son importantes en tu trabajo?
6 ¿Cuáles son tus ambiciones para el futuro?

a Primero preparo mis cosas. Luego voy a la oficina, donde trabajo y hablo con mi equipo.
b Voy a diseñar algo para Lady Gaga. ¡Va a ser increíble!
c Soy diseñadora.
d Claro que sí. Los idiomas son muy importantes. Hablo español e inglés. Con un segundo idioma es más fácil encontrar trabajo, y también es útil porque viajo mucho.
e Tienes que ser creativa, artística y muy organizada.
f Me chifla la moda, así que estudié diseño de moda y me encantó.

Escucha a Manuel y elige la respuesta correcta.

1 Manuel es…
a entrenador.
b jugador de fútbol.

2 En un día típico…
a viaja mucho.
b trabaja con su equipo.

3 En su trabajo los idiomas…
a no son nada importantes.
b son muy importantes.

4 Manuel…
a tiene que comunicarse bien.
b no tiene que comunicarse.

5 En el futuro Manuel va a trabajar…
a en América del Sur.
b en Europa.

Escribe la entrevista.

● ¿En qué trabajas?	■ agente de viajes
● ¿Por qué decidiste ser…?	■ ♥ el contacto con la gente, → estudiar turismo ♥
● ¿Cómo es un día de trabajo típico?	■ hablar con clientes, hacer reservas, dar información
● ¿Los idiomas son importantes en tu trabajo?	■ ✓español, inglés, alemán
● ¿Qué cualidades tiene que tener un(a)…?	■ ser simpático/a, positivo/a, organizado/a
● ¿Cuáles son tus ambiciones para el futuro?	■ viajar, trabajar en un hotel importante

Con tu compañero/a, haz la entrevista del ejercicio 6. Luego, inventa otra entrevista con un(a) cocinero/a.

The verbs for exercises 6 and 7 are given in the infinitive. Which tense will you need to use them in? Present, preterite or near future? Make sure you form each tense correctly.

Mi diccionario y yo

- Checking for accuracy and looking up new words
- Using reference materials

WRITING SKILLS

¿Cuál es la palabra correcta en español?

1 a guide
a un guía
b un guia
c un guío

2 the mechanic
a la mecánico
b el mecánico
c el mecanico

3 the office
a el oficina
b la oficina
c la officina

4 a language
a una idioma
b una idíoma
c un idioma

5 nice
a simpatíco
b simpatico
c simpático

6 to design
a diseñar
b disenar
c disenyar

SKILLS

Checking for accuracy

Always make sure that your written work is accurate. To check spelling, accents or the gender of a noun, you can look at:

- the relevant module and unit (use the contents list on pages 3–5 to find the right one)
- the Palabras pages at the end of each module
- the Minidiccionario section at the back of the book.

Busca y corrige los <u>seis</u> errores en los verbos de la entrevista.

¿En qué trabajas?
Soy arquitecto.

¿Por qué decidiste ser arquitecto?
Fui de viaje a Nueva York y vi unos edificios increíbles, así que a los 16 años decidir ser arquitecto.

¿Cómo es un día típico?
Primero preparar mis cosas y estudio mis proyectos. Luego fui a la oficina, donde hablo con mi equipo. Me encanta mi trabajo porque es muy variado.

¿Qué cualidades tiene que tener un arquitecto?
Tenas que ser independiente, organizado y muy metódico.

¿Los idiomas son importantes en tu trabajo?
Por supuesto. En mi opinión, hablo idiomas es una cosa muy positiva.

¿Cuáles son tus ambiciones para el futuro?
Quiero diseñar un edificio público. Voy a diseño algo moderno. ¡Va a ser fenomenal!

el edificio	*building*
metódico/a	*methodical*

SKILLS

Checking grammar in *¡Viva!*

To check grammar points, you can look at:

- the relevant module and unit
- the Gramática pages at the end of each module.

To check verbs (especially irregular ones), you can also look at:

- the Tabla de Verbos on pages 130–132.

SKILLS

Starting with what you know

Always start a piece of writing by using vocabulary and structures that you know. If you need to use a word you don't know, look it up in a dictionary, but make sure you choose the right translation! In exercise 3, how many words would you need to look up?

3 Traduce las frases al español.

1. In the future I am going to have seven ferrets.
2. I want to be a palaeontologist.
3. Would you like to visit Spain?
4. In my opinion, languages are important.
5. Last summer I swam in a lake.
6. Do you like theme parks?

SKILLS

Using translation tools and dictionaries

Be wary of online translation tools! Like dictionaries, they can often give rise to 'howlers'.

Think about the English word 'bank':
I work in a **bank**.
You can **bank** on it.
There was a steep **bank** at the side of the road.

Would the translation for each be the same? Discuss with a partner.

4 Busca la traducción apropiada para la palabra subrayada en un diccionario.

1 Last year, I worked in a <u>bar</u>.

2 She bought a <u>bar</u> of chocolate.

3 The music has six <u>bars</u>.

4 He spent three years behind <u>bars</u>.

5 Do you have a <u>bar</u> of soap?

5 Traduce el texto al español.

I am a lawyer. I think I am intelligent and I am also hard-working. I am quite stern and very meticulous. I have to be independent in my profession.

A typical day is like this: first I prepare my things, and then I go to the court. Sometimes I work until eleven at night. I like my job very much, but it can be stressful because the clients are demanding.

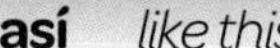

así *like this*

6 Elige una profesión. Imagina que es tu trabajo. Escribe un párrafo.

Choose a profession. Imagine it is your job. Write a paragraph.

- Say what job you do and what your personality is like.
- Describe a typical day.
- Give an opinion about your job, with reasons.

Remember to check what you have written for accuracy. Redraft your work if necessary.

veterinario/a

bombero/a

El día del trabajo

- Coping with authentic texts
- Skimming and scanning a text

1 Lee el texto en 60 segundos. Elige la respuesta correcta.

David Beckham

Recientemente el futbolista David Beckham se retiró del fútbol. Ahora podría ser estrella de cine gracias a su amigo Tom Cruise.

"David siempre ha querido ser una estrella de cine. Tom le prometió hace mucho tiempo poder hacer sus sueños realidad," afirmó un amigo.

A David le encanta el fútbol, es verdad, pero ahora quiere hacer una carrera en el cine…

los sueños *dreams*

SKILLS

Skimming a text

It's often a good idea to start by **skimming** a text (reading quickly to get the gist), without trying to understand the detail.

1 This text is about:
 a David Beckham moving to Hollywood.
 b David Beckham teaching Tom Cruise to play football.
 c Tom Cruise helping David Beckham to become a film star.

2 What made you choose your answer?

SKILLS

Scanning a text

When you are answering questions about a text, you do not always need to understand every word. It's often best to **scan** the text to find the specific piece of information you need – e.g. a name, a place or a job.

2 Lee el texto otra vez. Completa las frases en inglés.

1 Recently, the footballer David Beckham ▬.
2 Now he could be ▬ thanks to his friend Tom Cruise.
3 Tom promised a long time ago he could ▬.
4 It is true that David loves ▬, but now he wants ▬.

3 Lee las frases y escribe la(s) letra(s) correcta(s) para cada una.

¿Sabes en qué trabajaron antes de convertirse en famosos?

1 Beyoncé trabajó en la peluquería de su madre.

2 Johnny Depp fue empleado en una gasolinera y también vendió bolígrafos.

3 Julia Roberts sirvió helados.

4 Jennifer Aniston trabajó de recepcionista y también trabajó en una hamburguesería de Manhattan.

5 Lady Gaga trabajó de camarera en Nueva York.

a 

b 

c 

d 

e 

f 

g 

Lee el texto. Contesta a las preguntas en inglés.

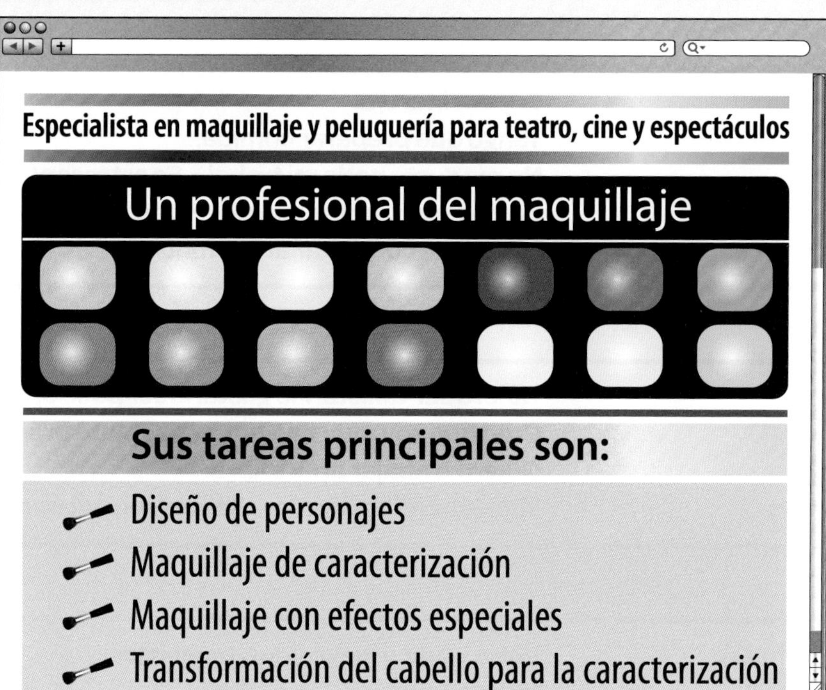

SKILLS

Reading for detail

Sometimes a task requires you to understand a lot of the detail of a text. Use **near cognates**, **context** and **common sense** to understand as much as possible. Then look up any words you still cannot work out in a dictionary.

1 What do you think **maquillaje** means?
2 What is this person's job?
3 Name three areas of entertainment he/she works in.
4 Name two of the main tasks his/her work involves.
5 How many words did you need to look up?

Escucha y lee la poesía.

1 de mayo, Día del Trabajo

En el día del trabajo
de trabajos se hablará,
de mañana, tarde o noche
va la gente a trabajar.

Unos dentro de sus casas,
otros tienen que viajar,
algunos pasan sus horas
trabajando aquí y allá.

Hay trabajos diferentes,
importantes por igual,
trabajar es un derecho
de toda la humanidad.

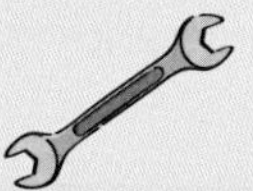

Ojalá todos pudieran
este día celebrar,
porque el trabajo nos da,
a los hombres dignidad.

M. Zanetti

Pon la poesía en inglés en el orden correcto.

Ejemplo: c, ...

a Let's hope we are all able
to celebrate this day
because work gives us all
dignity as people.

b On Labour Day
there will be talk of jobs,
in the morning, afternoon
or evening
people go to work.

c First of May, Labour Day

d Some work in their houses,
others have to travel,
some spend hours
working here and there.

e There are different jobs,
all equally important,
work is a right
for every human being.

Zona Cultura

1st May is Labour Day in Spain. This is a national holiday celebrating Spain's workers. Parades and demonstrations take place across Spain.

I can...

● say what job I do	Soy cocinero/a.
● say what I have to do at work	Tengo que preparar comida.
● give an opinion about my job	No me gusta nada mi trabajo. Es estresante.
● give reasons	porque los clientes son exigentes
■ use **tener que** + infinitive	Tiene que contestar al teléfono.

● say what job I would like to do	Quiero ser taxista. Me gustaría ser policía.
● say what I think I am like	Creo que soy muy paciente y bastante práctica.
● give details about my ideal job	Quiero trabajar al aire libre.
■ use correct adjective agreement	Mi jefe es educado. Los clientes son educados.

● say what I am going to do in the future	Voy a viajar y luego voy a tener hijos.
● say what the future will be like	Va a ser guay.
■ use the present and the near future tense	Soy creativo, y por eso voy a ser artista.
S use fillers to help me sound more Spanish	Pues... A ver... Bueno...

● describe a typical day at work	Voy a la oficina y leo mi agenda.
● say why I decided to do my job	Estudié diseño de modas y me encantó.
● say what qualities are important for my job	Tienes que ser organizado y creativo.
● say why languages are important	Tengo que hablar con clientes que hablan otros idiomas.
■ use the present, preterite and near future tense	Me gusta el turismo, así que decidí ser guía turístico. En el futuro voy a estudiar.

- S use reference materials to check spelling, accents, gender and verbs
- S understand the pitfalls of online translation tools
- S choose the correct word when looking up words

- S skim a text for gist before trying to understand the detail
- S scan a text to find a specific piece of information
- S use a range of reading strategies to understand authentic texts in detail

1 ESCUCHAR **Escucha. ¿Qué trabajo es? Escribe la letra correcta. (1–8)**

Ejemplo: **1** b

a  **b** 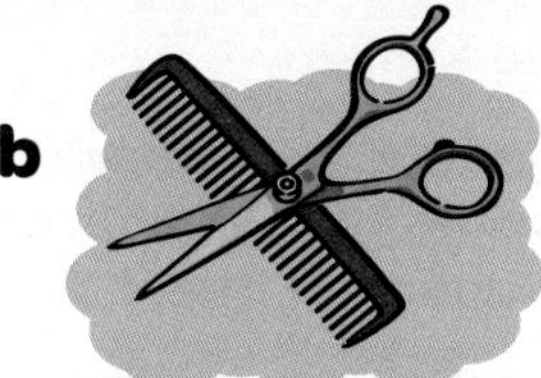 **c**  **d** 

e  **f**  **g**  **h** 

2 HABLAR **Con tu compañero/a, contesta a las preguntas. Luego cierra el libro y haz el diálogo.**

Ejemplo:

- **¿Qué tipo de persona eres?**
- **Creo / Pienso que soy bastante... y muy...**
- **¿En qué te gustaría trabajar?**
- **Me gustaría... / Quiero...**
- **¿Cuáles son tus ambiciones para el futuro?**
- **En el futuro voy a...**

3 LEER **Lee el texto. ¿Verdadero o falso? Escribe V o F.**

Me llamo Ivana. Trabajo en un hotel. Soy esteticista y me encanta mi trabajo porque es bastante creativo y no es nada repetitivo. ¡En mi opinión es superguay!

Creo que soy muy sociable y práctica. Me gusta mucho conocer gente nueva, y por eso decidí ser esteticista. Estudié en una escuela de estética y me encantó.

Tengo que hacer manicuras y vender productos en el salón de belleza. A veces tengo que trabajar en la recepción.

Hablo español, alemán e inglés. Para mi trabajo es vital porque tengo que hablar muy a menudo con clientes que hablan otros idiomas.

En el futuro, voy a viajar. ¡Va a ser fenomenal! Me gustaría vivir en el extranjero y trabajar como esteticista. Además, quiero ganar mucho dinero.

1 Ivana loves her work because it is not repetitive.
2 Ivana decided to be a beautician because she likes to meet new people.
3 Ivana went to driving school and loved it.
4 Ivana does manicures and sells products in the beauty salon.
5 She sometimes works in the spa.
6 She has to speak to customers in other languages.
7 She would like to live abroad and work as a beautician.
8 She wants to work as a volunteer.

4 ESCRIBIR **Trabajas en un hotel. Escribe un párrafo utilizando el texto de Ivana como modelo.**

Write about:

- what job you do and why you like it or don't like it
- why you decided to do this job
- what you have to do at work
- what languages you speak and whether this is important
- what you would like to do in the future.

Tener que + infinitive

To say what you have to do, you use **tener** + **que** + infinitive.

tengo que	I have to	tenemos que	we have to
tienes que	you have to	tenéis que	you (pl) have to
tiene que	he/she has to	tienen que	they have to

Tenemos que hacer manicuras. We have to do manicures.

1 Copy and complete the sentences with the correct verb form. Then translate them into English.

Example: **1** Tengo que cuidar las plantas. = I have to look after the plants.

1 —— que cuidar las plantas. (I)
2 —— que servir la comida. (he/she)
3 —— que contestar al teléfono. (we)
4 —— que cortar el pelo a los clientes. (they)
5 —— que vender productos en el salón. (you sg)
6 —— que preparar la comida. (you pl)

Adjective agreement

Adjectives describe nouns. Their endings change to agree with the noun they describe both in gender and in number.

	singular		**plural**	
	masculine	**feminine**	**masculine**	**feminine**
ending in -o	creativ**o**	creativ**a**	creativ**os**	creativ**as**
ending in -e	sociabl**e**	sociabl**e**	sociabl**es**	sociabl**es**
ending in a consonant	difícil	difícil	difícil**es**	difícil**es**
ending in -dor	trabaja**dor**	trabaja**dora**	trabaja**dores**	trabaja**doras**

2 Choose the correct form of the adjective each time.

Example: **1** sociable

1 Mi jefe es sociables / sociable.
2 Diego es trabajador / trabajadora.
3 Ana y Marta son serio / seria / serias.
4 Los hijos de los clientes son maleducado / maleducada / maleducados.
5 Los clientes son exigente / exigentes y no son simpáticos / simpáticas.

The near future tense

You use the near future tense to say what you are going to do. To form the near future tense, use the present tense of **ir** (to go) + **a**, followed by the infinitive. See all the parts of **ir** on page 12.

Voy a ganar dinero. I am going to earn money.
Vamos a viajar mucho. We are going to travel a lot.

3 Write these sentences in Spanish using the correct form of the near future tense.

1 I 
2 We 
3 You (sg) 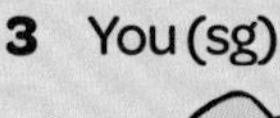 
4 They 

5 You (pl) 

Using three tenses together

To reach a higher level, you need to show that you can use verbs in the present, the preterite and the near future tense. Remember that regular and irregular verbs take different endings in each tense and that stem-changing verbs may also change their spelling in the stem or main part of the verb. If in doubt, use the verb tables on pages 130–132.

4 Copy and complete the table.

	infinitive	present	preterite	near future
regular verbs -ar	trabajar	trabajo	▬	voy a trabajar
-er	▬	vendo	vendí	voy a vender
-ir	vivir	▬	viví	▬
stem-changing verbs	querer	▬	quise	voy a querer
irregular verbs	tener	▬	tuve	voy a tener
	▬	voy	fui	▬
	ser	soy	▬	▬

5 Choose the right verb in each case. Write whether it is present (pres), preterite (pret) or near future (fut).

Example: **1** trabajo (pres)

En este momento **1** trabajo / trabajé / voy a trabajar como recepcionista. **2** Tengo / Tuve / Voy a tener que ayudar a los clientes. **3** Soy / Fui / Voy a ser muy sociable y por eso **4** quiero / quise / voy a querer trabajar con los turistas. El verano pasado **5** trabajo / trabajé / voy a trabajar en un hotel y **6** es / fue / va a ser fenomenal. Hace dos años **7** voy / fui / voy a ir a una escuela de turismo y **8** decido / decidí / voy a decidir ser recepcionista. En el futuro **9** trabajo / trabajé / voy a trabajar en un hotel. Luego **10** viajo / viajé / voy a viajar y **11** vivo / viví / voy a vivir en el extranjero. **12** ¡Es / Fue / Va a ser estimulante!

6 Fill in the gaps in this interview using the verbs in brackets in the correct tense.

Example: **1** Trabajo

¿En qué trabajas?
1 (trabajar) como peluquero.

¿Por qué decidiste ser peluquero?
2 (ser) bastante creativo y por eso **3** (estudiar) peluquería y **4** (decidir) ser peluquero.

¿Cómo es un día típico?
Primero **5** (ir) a la peluquería. **6** (cortar) el pelo a los clientes y a veces **7** (contestar) al teléfono. Ayer **8** (vender) productos para el pelo.

¿Cuáles son tus ambiciones para el futuro?
9 (abrir) una peluquería y luego **10** (ganar) mucho dinero. Después **11** (viajar). **12** ¡(ser) guay!

Los trabajos en el hotel   Hotel jobs

Soy...	I am...	**jardinero/a**	a gardener
camarero/a	a waiter	**limpiador(a)**	a cleaner
cocinero/a	a cook	**peluquero/a**	a hairdresser
dependiente/a	a shop assistant	**recepcionista**	a receptionist
esteticista	a beautician		

¿En qué consiste tu trabajo?   What does your job involve?

Tengo que...	I have to...	**limpiar habitaciones**	clean rooms
contestar al teléfono y ayudar a los clientes	answer the phone and help customers	**preparar comida**	prepare food
cortar el pelo a los clientes	cut customers' hair	**servir la comida en el restaurante**	serve food in the restaurant
cuidar las plantas	look after the plants	**vender productos en la tienda**	sell products in the shop
hacer manicuras	do manicures		

Opiniones   Opinions

¿Te gusta tu trabajo?	Do you like your job?	**¿Cómo es tu jefe?**	What is your boss like?
(No) Me gusta (nada) mi trabajo porque es...	I (don't) like my job (at all) because it is...	**Mi jefe/a (no) es muy educado/a.**	My boss is (not) very polite.
difícil	difficult	**¿Cómo son los clientes?**	What are the customers like?
duro	hard		
estimulante	stimulating	**Los clientes son exigentes / maleducados.**	The customers are demanding / rude.
estresante	stressful		
interesante	interesting	**Mis compañeros son simpáticos.**	My colleagues are nice.
monótono	monotonous		
repetitivo	repetitive		

¿Cómo eres?   What are you like?

En mi opinión, soy...	In my opinion, I am...	**organizado/a**	organised
Creo / Pienso que soy...	I think I am...	**paciente**	patient
Soy muy / bastante...	I am very / quite...	**práctico/a**	practical
ambicioso/a	ambitious	**responsable**	responsible
creativo/a	creative	**serio/a**	serious
independiente	independent	**sociable**	sociable
inteligente	intelligent		

¿En qué te gustaría trabajar?   What job would you like to do?

Me gustaría ser...	I would like to be...	**Me gustaría...**	I would like...
Quiero ser...	I want to be...	**No me gustaría (nada)...**	I wouldn't like... (at all)
abogado/a	a lawyer	**trabajar al aire libre**	to work in the open air
cantante	a singer	**trabajar con animales**	to work with animals
diseñador(a)	a designer	**trabajar con niños**	to work with children
enfermero/a	a nurse	**trabajar en equipo**	to work in a team
mecánico/a	a mechanic	**trabajar en una oficina**	to work in an office
periodista	a journalist	**trabajar solo/a**	to work alone
policía	a police officer	**hacer un trabajo creativo**	to do a creative job
taxista	a taxi driver	**hacer un trabajo manual**	to do a manual job

¿Cómo va a ser tu futuro? What is your future going to be like?

En el futuro…	In the future…
Voy a…	I am going to…
ganar mucho dinero	earn lots of money
hacer un trabajo interesante	do an interesting job
ir a la universidad	go to university
ser famoso/a	be famous
ser voluntario/a	be a volunteer
tener hijos	have children
viajar (mucho)	travel (a lot)
vivir en el extranjero	live abroad
Va a ser (muy) interesante.	It is going to be (very) interesting.

Describe tu trabajo Describe your job

¿En qué trabajas?	What do you do for a living?
¿Por qué decidiste ser…?	Why did you decide to be a…?
Me gusta mucho… y por eso decidí ser…	I really like… and so I decided to be a…
Estudié… y me encantó.	I studied… and I loved it.
¿Cómo es un día de trabajo típico?	What is a typical working day like?
Hablo con clientes.	I talk to customers.
Leo mi agenda.	I read my diary.
Preparo mis cosas.	I prepare my things.
Trabajo con mi equipo.	I work with my team.
Voy a la oficina.	I go to the office.
¿Qué cualidades tienes que tener?	What qualities do you need to have?
Tienes que ser…	You need to be…
En mi trabajo, los idiomas son muy importantes.	In my job, languages are very important.
Hablo español, alemán e inglés.	I speak Spanish, German and English.
¿Cuáles son tus ambiciones para el futuro?	What are your future ambitions?
Voy a estudiar / trabajar en…	I am going to study / work in…
¡Va a ser guay / fenomenal / flipante!	It is going to be cool / fantastic / awesome!

Palabras muy frecuentes High-frequency words

mi/mis	my
tu/tus	your
además	what's more
más	more
a veces	at times
también	also
a ver / bueno / pues	well
por eso	so / therefore
así que	so / therefore
primero	first
luego	then

Estrategia 2
Opinions and agreement

- Add emphasis to your opinions:
  A mí no me gusta nada mi jefe.
- Personalise your answers:
  Para mí, trabajar con animales es interesante.
- Make it a habit to ask yourself **¿por qué?** and to explain your opinion:
  Me gustaría ser enfermera porque soy paciente.
- Take time to say whether you agree or disagree with someone and why:
  (No) Estoy de acuerdo porque…

¡PROYECTO! Un monólogo divertido

- Performing a funny monologue
- Using three tenses together

1 Escucha y lee los monólogos. Busca las frases en español en los textos.

Hospital Transilvania

Me llamo Frankenstein y soy cirujano. Tengo que operar a pacientes en el hospital. Tengo que ser entusiasta y un excelente comunicador, pero no soy así. Por eso, no me gusta nada el trabajo que hago ahora. Sin embargo, hace diez años trabajé como científico y me encantó. Tengo que cambiar de profesión. Me gustaría hacer un trabajo menos estresante. En el futuro voy a ser artista…

Me llamo Violeta y soy enfermera. Tengo que cuidar a los pacientes y tengo que ser sociable y práctica, pero no soy nada sociable. Además, como soy una zombi, me gusta comer a los pacientes… ¡Ñam, ñam! Hace diez años trabajé como profesora y me gustó bastante. Creo que tengo que cambiar de profesión. Me gustaría trabajar al aire libre. En el futuro voy a ser jardinera…

Me llamo José y soy médico. Tengo que hacer transfusiones de sangre, pero prefiero beber sangre. Soy un vampiro y es un problema en mi profesión. En mi trabajo como médico tengo que ser paciente y muy responsable, pero es difícil. No me gusta mi trabajo porque es muy estresante. Hace diez años trabajé como vigilante nocturno y me gustó. Me gustaría hacer un trabajo más práctico. En el futuro voy a ser esteticista...

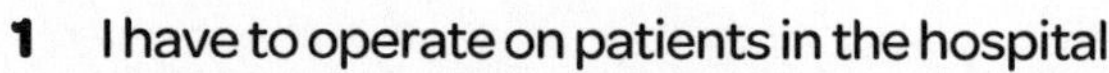

1. I have to operate on patients in the hospital.
2. I would like to do a less stressful job.
3. What's more, as I am a zombie, I like to eat the patients…
4. I think I have to change profession.
5. I have to do blood transfusions, but I prefer to drink blood.
6. Ten years ago I worked as a night security guard and I liked it.

cirujano/a	*surgeon*
sin embargo	*however*
vigilante nocturno/a	*night security guard*

2 Lee los monólogos otra vez. Copia y completa la ficha para cada persona en inglés.

Character profile

Name:
Profession:
Responsibilities:
Personality required:
Problem with job:
Ten years ago:
In the future:

3 Escucha a Sergio hablando de su trabajo. Copia y completa la ficha en español.

Ficha del personaje

Nombre: *Sergio*
Profesión: *camillero*
Responsabilidades:
Carácter:
Hace diez años:
En el futuro:

camillero/a	*hospital porter*
el fantasma	*ghost*

Con tu compañero/a, planifica un monólogo divertido.

With your partner, plan a funny monologue.

- Decide what your character's job will be.
- Decide where your monologue will take place:

Try to think how to make your character funny. What characteristics might be amusing for a lawyer or a journalist to have? In an office setting, how about a messy cleaner, a rude receptionist or a clumsy chef?

en una oficina

en un polideportivo

en un centro comercial

Inventa tu personaje. Copia y completa la ficha con sus datos.

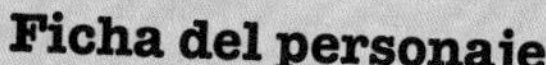

Ficha del personaje

Nombre:

Profesión:

Responsabilidades:

Carácter:

Problema con el trabajo:

Hace diez años:

En el futuro:

Escribe tu monólogo.

- Write your monologue. Base the script on the monologues in exercise 1. Follow the format closely, but use your imagination and change the details.
- Your character should use the present tense to talk about their characteristics, the work they have to do and their opinion of it:
  Me llamo... y soy... Tengo que... Me gusta... pero... No me gusta... Prefiero...
- They should use the preterite to talk about the job they did ten years ago:
  Hace diez años trabajé como...
- They should use the near future to say what they are going to do:
  En el futuro voy a...
- They can also use the following structures to say what they want to do:
  quiero + infinitive
  me gustaría + infinitive

Aprende tu monólogo. Luego, haz un vídeo de tu monólogo.

Think about how to make your monologue funny with physical movement and facial expressions. You can use your voice and mime to show what your character is like.

En forma

1 Argentina es famosa por...

a la carne
b la ensalada
c el arroz
d la pasta

2 ¿Qué alimento **no** forma parte de la dieta mediterránea tradicional?

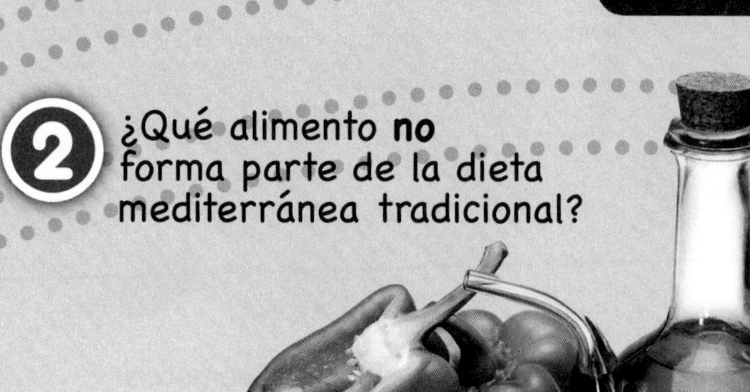

a aceite de oliva
b pescado
c hamburguesas
d fruta y verduras

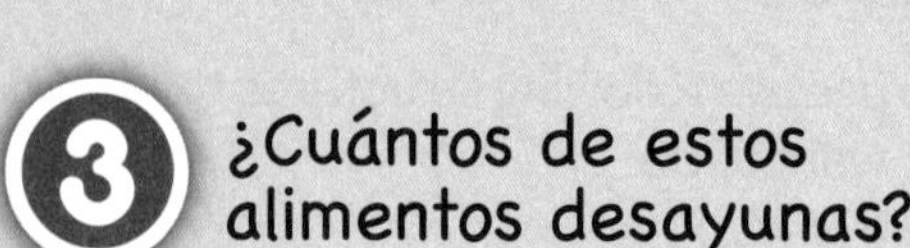

3 ¿Cuántos de estos alimentos desayunas?

Esta es una foto de un postre típico de España. Se llama:

a mousse de chocolate
b crema catalana
c tarta de queso
d tarta de limón

¿Cuál de estos tenistas **no** es de un país donde se habla español?

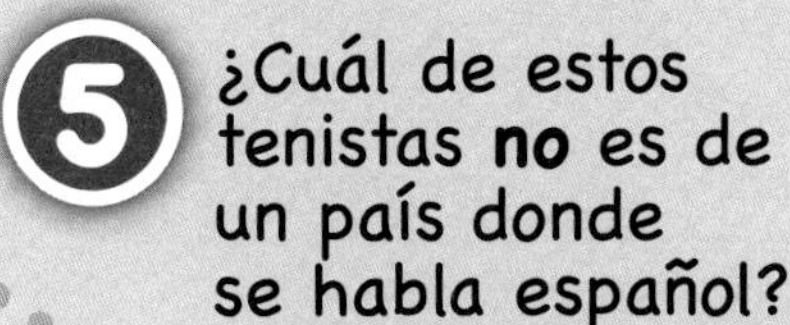

a Rafael Nadal
b David Ferrer
c Jo-Wilfried Tsonga
d Nicolás Almagro

6 Esta persona es de Venezuela. Va a jugar al deporte más popular de Venezuela que es...

a el béisbol
b el fútbol
c el baloncesto
d el voleibol

Did you know that the Tarahumara people of Northern Mexico run barefoot for extremely long distances? They are known as 'ultrarunners' and can run for over 400 miles!

¿Llevas una dieta sana?

- Talking about diet
- Using direct object pronouns

Escucha y lee los textos. Copia y completa la tabla en inglés para cada persona.

name	food	frequency
Nicolás	cakes bread	twice a week …

Nicolás
Me gustan los pasteles. Los como dos veces a la semana. También me gusta el pan. Lo como tres veces al día.

Fátima
Me gustan mucho las galletas. Las como cada día. También me gustan los caramelos. Los como de vez en cuando. ¡Ñam, ñam!

Daniela
Me gusta mucho el pescado. Lo como cuatro veces a la semana. Me gusta bastante el arroz. Lo como tres veces al mes.

Miri
Me gusta la pasta. La como muy a menudo, pero no me gustan nada los huevos. Nunca los como.

Elías
Me gusta la carne y la como dos veces al día, pero no me gustan nada las verduras. Casi nunca las como.

tres veces al día	three times a day
cada día **todos los días**	every day
dos veces a la semana	twice a week
muy a menudo	very often
de vez en cuando	from time to time
una vez al mes	once a month
(casi) nunca	(almost) never

Gramática

Direct object pronouns are words like 'it' and 'them'. They replace the object of the verb. For example:

Como carne. I eat meat.
La como dos veces a la semana. I eat **it** twice a week.

In Spanish, direct object pronouns come in front of the verb. They change according to the gender and number of the object they are replacing.

	singular (it)	plural (them)
masculine	lo	los
feminine	la	las

>> p70

Escribe las frases en español.

Ejemplo: **1** Me gustan los pasteles. Los como dos veces a la semana.

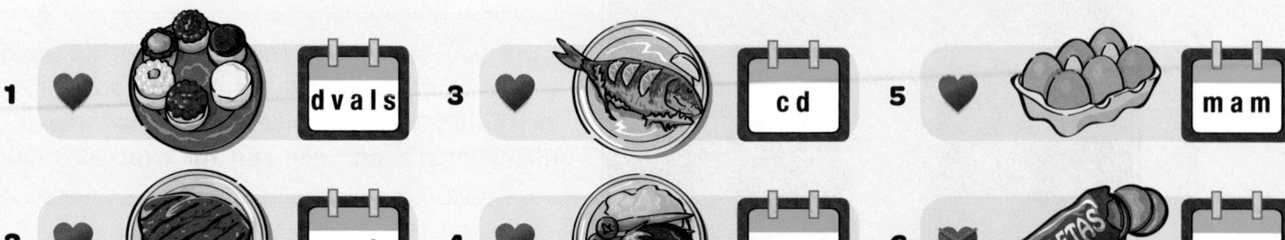

3 HABLAR **Haz un sondeo. Escribe tres preguntas y pregunta a cinco personas.**

- ● **¿Te gusta(n) el pescado / las verduras?**
- ■ **Sí, me gusta(n) mucho. Lo/La/Los/Las como...**
- ▲ **No, no me gusta(n) nada. Nunca lo/la/los/las como.**
- ◆ ...

Zona Cultura

Traditionally Spanish people have a very healthy diet that includes plenty of fruit, vegetables, pulses, fish, olive oil and some meat.

4 ESCUCHAR **Escucha a Juan y a Camila. Escribe la letra correcta para cada persona en la tabla. (1–4)**

	Juan	Camila
1	c	...

¿Llevas una dieta sana?

1 ¿Con qué frecuencia comes pescado?

a Lo como todos los días.
b Lo como dos veces a la semana.
c Lo como de vez en cuando.
d Casi nunca lo como.

2 ¿Con qué frecuencia comes carne?

a Casi nunca la como.
b La como una vez al mes.
c La como una vez a la semana.
d La como muy a menudo.

3 ¿Con qué frecuencia comes perritos calientes?

a Casi nunca los como.
b Los como una vez al mes.
c Los como una vez a la semana.
d Los como cada día.

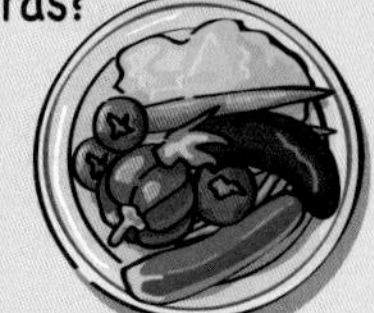

4 ¿Con qué frecuencia comes verduras?

a Las como cuatro veces al día.
b Las como dos veces al día.
c Las como dos veces a la semana.
d Casi nunca las como.

¿Tienes la mayoría de respuestas 'a'? Está bien. Llevas una dieta sana.
¿Tienes la mayoría de respuestas 'b'? Está bastante bien. Comes sano.
¿Tienes la mayoría de respuestas 'c'? ¡Cuidado! Tienes que comer más sano.
¿Tienes la mayoría de respuestas 'd'? ¡Tienes que cambiar tu dieta rápido!

5 HABLAR **Con tu compañero/a, haz el cuestionario del ejercicio 4.**

los perritos calientes *hot dogs*

- ● **¿Con qué frecuencia comes pescado?**
- ■ **Lo como...**

6 LEER **Lee el blog y completa las frases.**

Me llamo Valeria y vivo en La Habana, en Cuba. En mi opinión, llevo una dieta bastante sana. En Cuba comemos mucho pescado. Lo como dos o tres veces a la semana. También comemos fruta y verduras. Las como cuatro o cinco veces al día. La semana pasada fui a un restaurante con mis amigos, donde comí pollo a la barbacoa y mi amiga Ana tomó minifritas cubanas, que son como las hamburguesas americanas. Bebimos agua y de postre tomamos arroz con leche. ¡Guau! ¡Qué rico!

1 Valeria eats fish ___ times ___.
2 Four or five times a day she eats ___.
3 Last week, at the restaurant, she ate ___.
4 Her friend Ana had ___.
5 They drank ___.
6 For dessert they had ___.

7 ESCRIBIR **Imagina que eres mexicano/a. Describe la comida mexicana. Utiliza el texto del ejercicio 6 como modelo.**

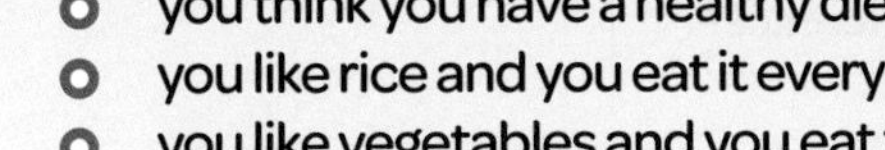

Write:

- you think you have a healthy diet **(Creo que / En mi opinión...)**
- you like rice and you eat it every day **(Me gusta... y lo como...)**
- you like vegetables and you eat them three times a day **(Me gustan... y las como...)**
- last week you went to a restaurant with your friends **(La semana pasada fui...)**
- you ate tacos with guacamole and salad **(Comí...)**.

¡Preparados, listos, ya!

- Talking about an active lifestyle
- Using stem-changing verbs

Escucha y lee los textos. Escribe las dos letras correctas para cada persona.

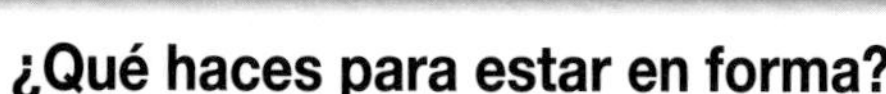

¿Qué haces para estar en forma?

Mateo
Juego al fútbol en el parque todos los días después del insti. Una vez al mes juego al baloncesto con mis amigos, pero prefiero jugar al fútbol.

Laura
Tres veces a la semana hago atletismo en el parque, donde hay una pista de atletismo. Soy miembro de un club. Los fines de semana hago gimnasia, pero la verdad es que prefiero hacer atletismo.

David
A veces juego a la pelota vasca con mis amigos en el gimnasio. Es un juego muy interesante. Acabo de empezar a practicar taekwondo y me encanta. Es mi deporte preferido.

Raquel
Hago natación dos veces a la semana. Normalmente voy al polideportivo, donde hay una piscina cubierta, pero prefiero nadar en una piscina al aire libre, sobre todo en el verano. De vez en cuando juego al rugby.

la pelota vasca	*pelota (Basque ball game)*
acabo de empezar	*I have just started*
la piscina cubierta	*indoor swimming pool*

a

b

c

d

e

f

g

h

Gramática

Jugar (to play) and **preferir** (to prefer) are stem-changing verbs. Some people call them 'boot verbs'. They have a vowel change in their stem in certain forms.

jugar		preferir	
juego	**jugamos**	**prefiero**	**preferimos**
juegas	**jugáis**	**prefieres**	**preferís**
juega	**juegan**	**prefiere**	**prefieren**

juego → I play

prefiero jugar → I prefer to play

>> p70

Lee los textos del ejercicio 1 otra vez. Copia y completa la tabla en inglés para cada persona.

	which sport?	how often?	where and/or when?	preference?
Mateo	football …	… once a month	in park, after school	…

Con tu compañero/a, haz los diálogos. Luego inventa otro diálogo.

Ejemplo:
● **¿Qué haces para estar en forma?**
■ **Hago artes marciales dos veces a la semana...**

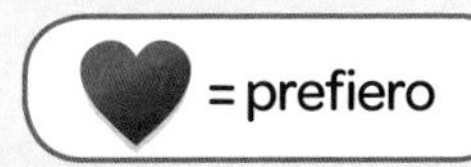

Remember, you use **jugar** for sports you <u>play</u> and **hacer** for sports you <u>do</u>.

1

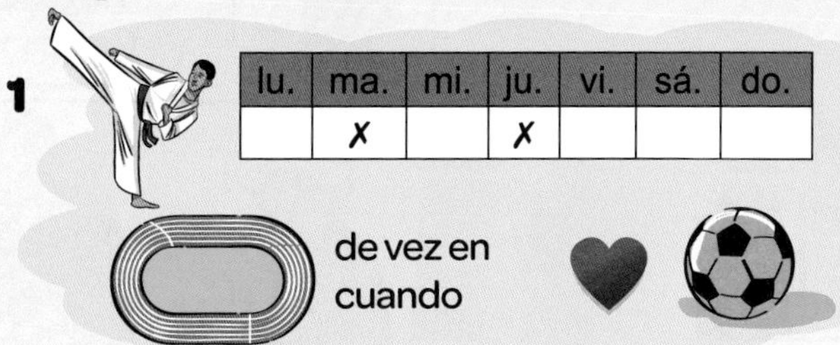

lu.	ma.	mi.	ju.	vi.	sá.	do.
	✗		✗			

2

lu.	ma.	mi.	ju.	vi.	sá.	do.
✗	✗	✗				

Escucha. ¿Qué <u>dos</u> frases no oyes?

a Los fines de semana juego al rugby.
b Soy miembro de un club.
c También juego al voleibol, pero prefiero jugar al rugby.
d A veces juego a la pelota vasca en el polideportivo, pero prefiero mis clases de baile.
e Hago gimnasia dos veces a la semana y de vez en cuando hago footing.
f Juego al fútbol en el parque tres veces a la semana después del insti.
g También hago atletismo en el parque, pero prefiero jugar al ping-pong.

Lee las entrevistas. ¿Verdadero o falso? Escribe V o F. Luego corrige los errores.

Alejandro

● **¿Qué te parece tu trabajo?**
■ Soy afortunado porque trabajo en lo que más me gusta, el tenis.
● **¿A qué edad empezaste a jugar?**
■ Empecé a jugar a los siete años. A los dieciocho años fui a Taiwán, donde jugué mi primer campeonato profesional. Me encantó.
● **Eres un tenista estupendo. ¿Llevas una dieta sana?**
■ Claro. Como fruta y verduras todos los días. También como pescado dos veces a la semana.
● **¿Qué comiste ayer, por ejemplo?**
■ Ayer comí sopa de pescado. ¡Qué rica!

Sabrina

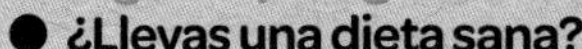

● **¿Qué te parece tu trabajo?**
■ Me encanta ser gimnasta. Es genial.
● **¿A qué edad empezaste a hacer gimnasia?**
■ Empecé a los cinco años. A los ocho años participé en un campeonato regional y me gustó mucho. ¡Qué guay!
● **¿Llevas una dieta sana?**
■ Llevo una dieta bastante sana. Como verduras cada día, pero no me gusta nada la fruta. También me encantan los caramelos. Los como dos veces a la semana y no es muy sano.
● **¿Qué comiste ayer, por ejemplo?**
■ Ayer comí un paquete entero de galletas. ¡Qué horror!

1 Alejandro says he is fortunate to work in what he likes best: tennis.
2 He started playing tennis at the age of seven.
3 Yesterday he ate chicken soup.
4 At the age of eight, Sabrina took part in a regional championship.
5 Sabrina never eats vegetables.
6 She loves crisps and eats them twice a week.

Con tu compañero/a, inventa una entrevista con un(a) deportista. Utiliza los textos del ejercicio 5 como modelo.

¿Qué haces para estar en forma? Escribe un texto.

Gramática

Jugar and **empezar** are irregular in the preterite in the 'I' form only.

empezar (to start) → **empecé** (I started)
jugar (to play) → **jugué** (I played)

¿Cuál es tu rutina diaria?

- Talking about your daily routine
- Using reflexive verbs

¿Cuál es su rutina diaria? Escribe la letra correcta para cada dibujo.

Ejemplo: **1** c

a A las cinco y cinco me lavo los dientes y luego me visto.

b Luego voy al gimnasio, donde entreno dos horas más.

c Me despierto muy temprano, a las cinco de la mañana, y me levanto enseguida.

d Meriendo a las seis y ceno a las nueve. Ceno pollo o pescado.

e Me ducho y luego desayuno a las siete y media. Desayuno algo sano: cereales, yogur y zumo de naranja.

f Me acuesto a las diez y duermo siete horas.

g A las ocho voy al trabajo. Trabajo en una tienda de deportes y termino a las dos.

h Después salgo a correr a las cinco y cuarto. Entreno cada día. Corro veinte kilómetros.

enseguida	*straight away*
algo sano	*something healthy*
correr	*to run*

Escucha y comprueba tus respuestas.

Escribe las frases en español.

Ejemplo: **1** Me despierto a las siete.

Gramática

Remember, reflexive verbs include a reflexive pronoun.

They often describe an action you do to yourself, e.g. ducharse (to have a shower).

me ducho	I have a shower
te duchas	you have a shower
se ducha	he/she has a shower
nos duchamos	we have a shower
os ducháis	you (pl) have a shower
se duchan	they have a shower

Some reflexive verbs are stem-changing:

despertarse (to wake up) → **me despierto**
acostarse (to go to bed) → **me acuesto**
vestirse (to get dressed) → **me visto**

>> p71

Con tu compañero/a, juega al tres en raya.

Ejemplo:

● **¿Cuál es tu rutina diaria?**
■ **Nueve – Me acuesto a las diez.**

■ **¿Cuál es tu rutina diaria?**
● **Cinco – Me ducho a las siete y media.**

1   7:35
2  7:10

3   7:15
4  7:25
5  7:30
6  8:00
7  4:40
8  9:15
9  10:00

Pronunciación

When you have two vowels next to each other, make the sound for the first one, followed by the sound for the second one: me desp**ie**rto, me ac**ue**sto.

Escucha a David. Corrige el error en cada frase.

1. David se despierta bastante temprano, a las seis, y se levanta enseguida.
2. Se viste y luego se lava los pies.
3. Desayuna cereales y después sale en bici.
4. Entrena media hora todos los días.
5. Por la tarde va a la piscina, donde hace natación.
6. Cena sopa o ensalada y se acuesta a las once.
7. Ayer participó en una competición de natación y ganó.

Lee el texto y completa las frases en inglés.

Soy pentatleta, y por eso tengo una rutina de entrenamiento bastante exigente. Me levanto a las cinco todos los días, me visto y me lavo los dientes. Luego voy a la piscina, donde hago natación durante una hora. Me encanta nadar. Desayuno fruta, yogur y zumo de naranja y luego voy al polideportivo, donde entreno dos horas. Hago esgrima y practico tiro deportivo. Después del insti, hago equitación. ¡Me chifla el pentatlón!

El año pasado fui a Badajoz, donde participé en una competición de esgrima y gané. Lo pasé fenomenal en Badajoz. Me encantó la ciudad porque conocí a mucha gente y también vi monumentos interesantes.

Míriam

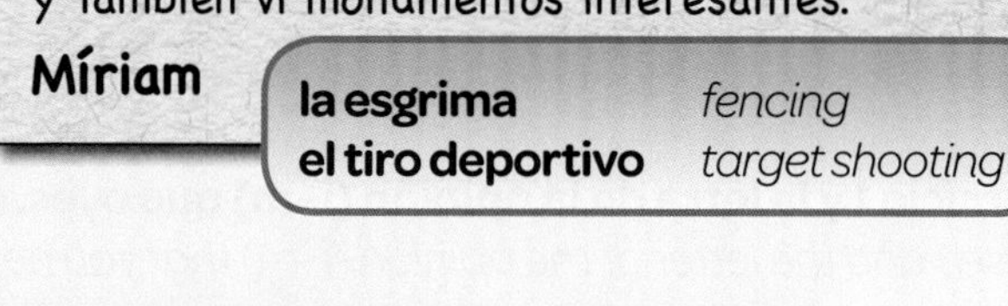

la esgrima	*fencing*
el tiro deportivo	*target shooting*

1. Míriam ___ at five every day, she ___ and ___.
2. Then she goes to ___, where ___.
3. For breakfast she has ___.
4. Then she trains for ___ by doing ___.
5. After school she ___.
6. Last year she went to Badajoz, where she ___.
7. She thought Badajoz was ___ because ___.

Eres Fernanda, la fanática del deporte. Describe tu rutina.

Soy Fernanda, la fanática del deporte.
Me levanto a las…

¡Muévete!

- Talk about getting fit
- Using **se debe / no se debe**

¿Qué consejo no siguen los jugadores de baloncesto? Escribe la letra correcta para cada jugador.
Which piece of advice are the basketball players not following? Write the correct letter for each player.

Ejemplo: **1** b

Consejos para estar en forma

Se debe ✓
a dormir ocho horas al día
b comer más fruta y verduras
c beber agua frecuentemente
d entrenar una hora al día

No se debe ✗
e comer comida basura
f fumar
g beber alcohol
h beber muchos refrescos

UNA DIETA SANA

1 2 3 4 5 6 7 8

entrenar

zzzzzz

Gramática

Se debe means 'you/one must'. It is an impersonal verb (a verb used only in the 'it' form). It is followed by the infinitive.

Se debe comer más fruta y verduras.	You must eat more fruit and vegetables.
No **se debe** fumar.	You mustn't smoke.

>> p71

Juego de memoria. Con tu compañero/a, por turnos añade otro consejo a la frase.

Ejemplo:
- **Para estar en forma, se debe entrenar una hora al día.**
- **Para estar en forma, se debe entrenar una hora al día y beber agua frecuentemente.**

Escucha. Escribe la letra del consejo (a–h) del ejercicio 1 y la letra de la opinión (i–m) que oyes. (1–5)
Listen. Write the letter of the advice (a–h) from exercise 1 and the letter of the opinion (i–m) that you hear.

Ejemplo: **1** b, m

i ¡Qué tontería! ¿Estás loco/a?
j ¡Claro que sí! Es verdad.
k Bueno... tal vez, depende de la persona.
l ¿En serio?
m Por supuesto. Eso es muy importante.

En un grupo de cuatro personas, da consejos y reacciona.

● En mi opinión, para estar en forma, se debe beber agua frecuentemente.
■ ¡Qué tontería! ¿Estás loco/a? No me gusta el agua. Prefiero beber refrescos.
▲ ¿En serio?
◆ ...

Copia y completa el texto con las palabras del recuadro.

Confesiones de una 'chocohólica'

Quiero ponerme en forma, pero tengo un **1** ___ muy grande. Soy chocohólica. Soy adicta al **2** ___. Sí, es verdad. **3** ___ como todo el tiempo. Me levanto a las siete y empiezo a comer chocolate. Luego lo como todo el día. Yo sé qué hacer para estar en forma: **4** ___ se debe comer chocolate y se **5** ___ comer más fruta y verduras... pero no me gustan nada las verduras. ☹

¿Por qué me **6** ___ tanto el chocolate? ¿Me lo puedes explicar?

Ayer, por ejemplo, comí ocho tabletas. Y hace dos **7** ___ comí una tarta entera. ¡Ay, ay, ay! ¡Qué vergüenza!

A partir de ahora, voy a **8** ___ más fruta y menos chocolate. Lo prometo.

las tabletas	*bars*
a partir de ahora	*from now on*

debe | no | días | gusta | comer | chocolate | Lo | problema

Escucha. Elige la respuesta correcta.

1 Diego es adicto *a la comida basura* / *a los caramelos*.
2 Se levanta *a las siete y media* / *a las ocho*.
3 No le gusta nada *la carne* / *la fruta*.
4 Ayer comió *ocho hamburguesas* / *ocho pasteles*.
5 Hace dos días comió *un kilo de queso* / *un kilo de patatas fritas*.
6 A partir de ahora va a comer *más verduras* / *más fruta*.

Escribe un artículo. Utiliza el texto del ejercicio 5 como modelo. Inventa los datos.

Write:
- what you are addicted to **(Soy adicto/a al / a la / a los / a las...)**
- you eat / drink it all the time **(Lo / La / Los / Las como / bebo...)**
- you get up at a certain time and start to eat / drink... **(Me levanto a las...)**
- you eat / drink it all day long **(Luego lo / la / los / las como / bebo...)**
- you know you mustn't eat / drink... **(Yo sé que para estar en forma, no se debe...)**
- what you ate / drank yesterday **(Ayer comí / bebí...)**
- what you are going to do from now on **(A partir de ahora, voy a...)**.

¡Me duele todo!

- Talking about ailments
- Using **me duele(n)**

1 Escucha y escribe la letra correcta. (1–6)

Ejemplo: **1** f

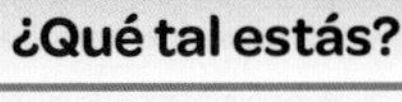

a Me duele la garganta y tengo tos.

b Me duelen los ojos y tengo quemaduras del sol.

c No me encuentro bien. Me duele el estómago y tengo náuseas.

d Me duele la pierna, me duele el pie y también me duele la mano.

e Me duele la cabeza y también me duelen los oídos. Creo que tengo catarro.

f Me duele la espalda, me duele el brazo y me duelen los dientes.

Gramática

Doler (to hurt) **is a stem-changing verb: me duele. It works like gustar.**

With singular nouns:		With plural nouns:	
Me duele la cabeza.	My head hurts.	**Me duelen los dientes.**	My teeth hurt.
¿Te duele el estómago?	Does your stomach hurt?	**Le duelen las piernas.**	His/Her feet hurt.

In English, you use the possessive adjective (my leg hurts).
In Spanish, you use the definite article (me duele la pierna).

2 Completa las frases con las palabras del recuadro.

1 ¡Ay, ay, ay! Me duele la ——.
2 No me encuentro bien. Me duelen ——.
3 Me duelen los oídos. Creo que tengo ——.
4 Me duelen las piernas y también me duele ——.
5 No me ——.
6 Me duele el estómago y ——.

la mano
catarro
encuentro bien
los dientes
tengo náuseas
cabeza y tengo tos

3 Con tu compañero/a, haz los diálogos.

Ejemplo:
● ¿Qué tal estás?
■ Creo que tengo catarro. Me duele la cabeza y también me duelen los oídos.

a

b

c

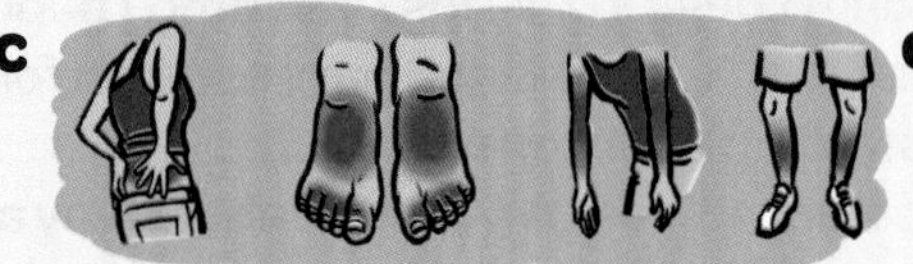

d

Lee los textos. Copia y completa la tabla en inglés. Utiliza el minidiccionario.

name	pastime	last weekend	problem / ailment	next time
Zoe	jogging			

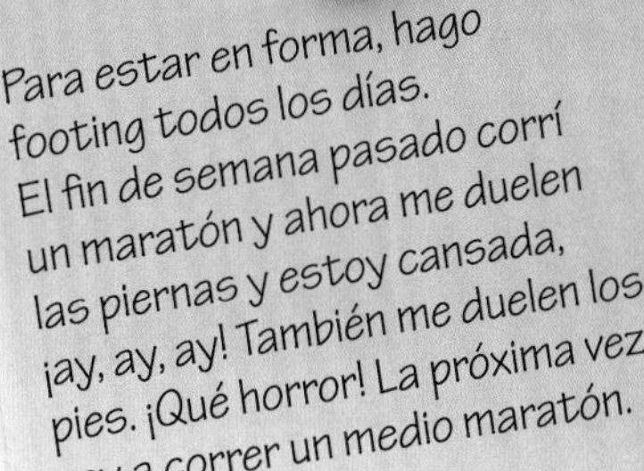

Para estar en forma, hago footing todos los días. El fin de semana pasado corrí un maratón y ahora me duelen las piernas y estoy cansada, ¡ay, ay, ay! También me duelen los pies. ¡Qué horror! La próxima vez voy a correr un medio maratón.

Zoe

Hago ciclismo en el parque tres veces a la semana y el fin de semana pasado participé en una carrera ciclista en Oviedo. Me encantó, pero me quemé. Ahora estoy enfermo y tengo quemaduras del sol. La próxima vez voy a llevar una gorra y me voy a poner crema solar.

Andrés

Me chifla la escalada y voy a una escuela de escalada tres veces a la semana. El fin de semana pasado fui a una competición de escalada urbana en Madrid. ¡Fue increíble! Subí por una pared, pero me caí y ahora me duele todo. No me encuentro bien. La próxima vez voy a tener más cuidado.

Luisa

estoy cansado/a *I am tired*
estoy enfermo/a *I am ill*

Escucha y escribe las <u>cuatro</u> letras correctas para cada diálogo. (1–2) Luego escucha otra vez y escribe 'pres', 'pret' o 'fut' para cada dibujo (a–h).

You use:
- **me duele / me duelen** to say that something <u>hurts</u> (e.g. your head, your foot)
- **tengo** (from **tener**) to say that you <u>have</u> something (e.g. a cold, sunburn)
- **estoy** (from **estar**) to say '<u>I am</u>' (e.g. tired, ill).

Remember, there are two verbs for 'to be', in Spanish: **ser** and **estar**. You use **estar** for <u>temporary</u> states, like being ill.

Eres hipocondríaco/a. Con tu compañero/a, contesta a las preguntas.

- **¿Qué tal estás?**
- **¿Qué te duele?**
- **¿Qué te pasó?**
- **¿Qué vas a hacer la próxima vez?**

Improvise by reacting to your partner's answers, e.g. give an opinion or make a comment that you haven't scripted. Try doing this exercise with your book closed. It is important that you can remember how to ask questions as well as answer them.

Escribe una historia interesante acerca de un accidente o una enfermedad.

Write an interesting story about an accident or an illness.

- Tell a real or imaginary story.
- What will you put at the beginning? What next? What would make a good ending?
- Adapt phrases from exercise 4.
- Link your sentences and paragraphs with connectives and time expressions.
- Include opinions or exclamations.
- Check for accuracy.

Mi rutina diaria

- Giving a presentation about fitness and routine
- Using complex sentences

SPEAKING SKILLS

LEER 1 **Lee las dos presentaciones. Contesta a las preguntas en inglés.**

1

Me llamo Santiago. Vivo en Valencia. Llevo una dieta sana. Bebo agua y como verduras. Como verduras dos veces a la semana. Ayer fui a un restaurante vegetariano. Juego al fútbol y juego al baloncesto. Me gusta mucho hacer deporte.

Mi rutina diaria: me despierto y juego me levanto. Desayuno tostadas y me visto. Me lavo los dientes y voy al insti. Meriendo a las cuatro y media y ceno a las nueve. Ceno tortilla. Me acuesto. Duermo ocho horas.

La semana pasada fui a un partido de fútbol. Hizo sol y me quemé. Tengo quemaduras del sol. La próxima vez me voy a poner crema solar.

2

Me llamo Gabriela y vivo en Toledo, en España. Creo que llevo una dieta bastante sana. Por lo general bebo agua y en mi familia comemos mucho pescado. Lo como dos o tres veces a la semana. También comemos fruta y verduras. Ayer fui a un restaurante con mis amigas y comimos pizza.

Para estar en forma, hago natación tres veces a la semana y también voy a clases de baile. De vez en cuando juego al voleibol, pero prefiero jugar al tenis. Además, juego bien.

Generalmente mi rutina diaria no es muy interesante. Todos los días me despierto bastante temprano, a las siete de la mañana, y me levanto enseguida. Desayuno cereales, yogur y zumo de naranja. Después del insti voy a la piscina, donde hago natación. Siempre meriendo a las cinco y ceno a las nueve. Ceno algo sano, pollo o ensalada, por ejemplo. Me acuesto a las once – en mi opinión, no es muy tarde – y duermo ocho horas.

La semana pasada fui a la playa con mis amigas, pero tuve un problema porque no bebí nada, así que me deshidraté. Para estar en forma, se debe beber agua frecuentemente. Es muy importante. La próxima vez voy a llevar una botella de agua muy grande.

me deshidraté *I got dehydrated*

Who...

1 eats a lot of fish?
2 goes to bed at 11pm?
3 plays basketball?
4 is good at tennis?
5 went to the beach last week?
6 eats toast for breakfast?
7 keeps fit by swimming three times a week?
8 went to a football match last week?

Escucha las presentaciones del ejercicio 1. ¿Cuál es mejor? ¿Por qué?

Listen to the presentations from exercise 1. Which one is better? Why?

SKILLS

Creating complex sentences

Use the following to create more interesting, complex sentences:

- opinions — **Creo que... / En mi opinión,...**
- direct object pronouns — **Lo / La / Los / Las como dos veces a la semana.**
- **para** + infinitive — **para estar en forma...**
- connectives — **además / así que / donde**
- expressions of frequency — **todos los días / siempre / por lo general**
- sequencers — **primero... más tarde... después**

Con tu compañero/a, copia y completa la tabla en español. Usa los elementos que utiliza Gabriela en su presentación del ejercicio 1.

opinions	direct object pronouns	**para** + infintive	connectives	expressions of frequency	sequencers

SKILLS

Avoiding lists and repetition

Lists can sound boring and repetitive. Break them up by joining sentences with connectives or sequencers and by adding extra details.

Before:

Me levanto. Me ducho y me visto. Desayuno tostadas y cereales. Me lavo los dientes. Voy al instituto.

After: expression of frequency — sequencer

Todos los días me levanto a las siete menos cuarto. Por lo general desayuno tostadas, pero de vez en cuando desayuno cereales. Normalmente desayuno a las siete, luego me lavo los dientes y voy al insti a las ocho menos cuarto. En mi opinión, el desayuno es muy importante.

connective — extra detail — opinion

You can also use direct object pronouns to avoid repetition.

Bebo agua y como verduras. Como verduras dos veces a la semana. →
Bebo agua y como verduras. Las como dos veces a la semana.

Mejora la presentación de Santiago del ejercicio 1.
Improve Santiago's presentation from exercise 1.

Prepara una presentación (¡verdadera o imaginaria!). Haz una lluvia de ideas.

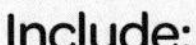

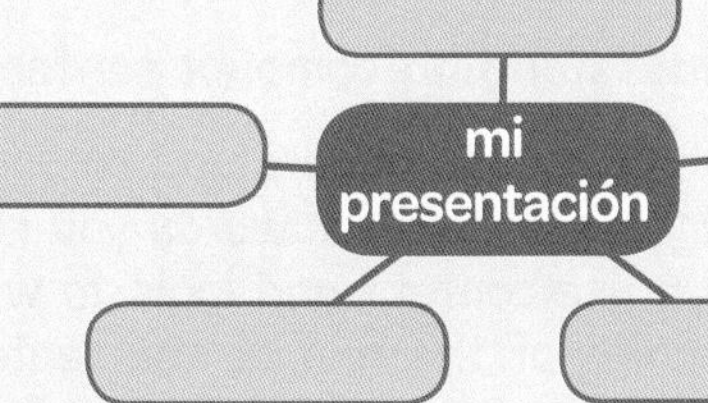

Include:

- what your diet is like **(Creo que llevo una dieta...)**
- how you keep fit **(Para estar en forma, ...)**
- your daily routine **(Mi rutina diaria es...)**
- an accident or illness **(La semana pasada tuve un problema porque...)**
- what you are going to do differently the next time **(La próxima vez voy a...)**.

Haz tarjetas con las palabras claves de tu presentación.
Make cue cards with the key words from your presentation on them.

Practica tu presentación.

Con tu compañero/a, haz tu presentación. Comenta el trabajo de tu compañero/a y da tu opinión. Copia y completa la tabla.

complex sentences using...	perfecto ☆☆☆	bravo ☆☆	bien ☆
opinions			
direct object pronouns			
para + infinitive			
connectives			
expressions of frequency			
sequencers			

SKILLS

Rehearsing a presentation

Use cue cards with single words, short phrases or symbols on them.

When you rehearse, remember to:

- keep your head up
- think about making eye contact with your audience
- speak clearly
- practise in your head and out loud over and over until you feel confident.

Me tomas el pelo

- Understanding Spanish idioms
- Reading poems in Spanish

Empareja los dibujos con los dichos.
Match up the pictures with the idioms.

Ejemplo: **1** f

1 Me tomas el pelo.
2 Pasó en un abrir y cerrar de ojos.
3 El pastel está para chuparse los dedos.
4 Ojo por ojo y diente por diente.
5 Estoy hasta las narices de mi hermano.
6 Conozco la ciudad como la palma de la mano.
7 Pon los pies en la tierra.
8 Cuesta un ojo de la cara.

los dedos	*fingers*
las narices	*nose*

a  
b 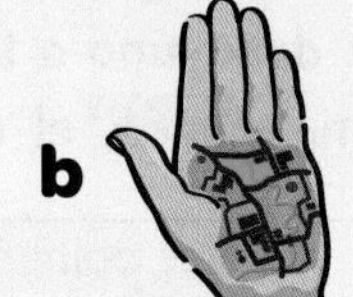
c 
d 
e  
f 
g 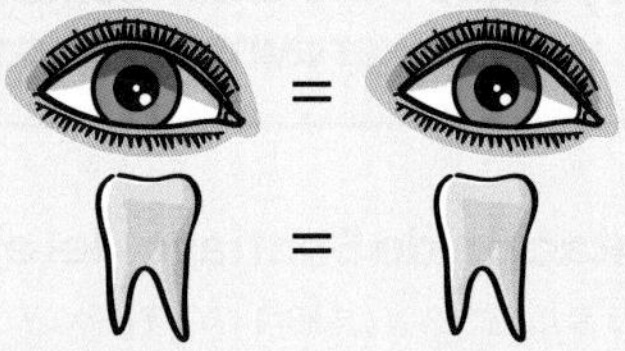   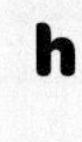
h 

SKILLS

Understanding complex sentences

To help you to understand complex sentences, start by looking for words you recognise. Then use context and logic to work out the meaning of the rest of the sentence.

An idiom is an expression that is not used literally. For example, 'It cost an arm and a leg' doesn't actually mean that you paid for something with your arm and your leg, it just means it cost a lot.

Escucha y comprueba tus respuestas. (1–8)

Busca las traducciones de los dichos en español en el ejercicio 1.

a It happened in the blink of an eye.
b You are pulling my leg.
c It costs an arm and a leg.
d Keep your feet on the ground.
e An eye for an eye and a tooth for a tooth.
f I know the city like the back of my hand.
g I am fed up to the back teeth with my brother.
h The cake is finger-licking good!

Lee los dichos otra vez y habla con tu compañero/a.

1 Which idioms are the same or nearly the same in both languages?
2 Which ones are different? How are they different?

Con tu compañero/a, pregunta y contesta. Utiliza los dichos del ejercicio 1.

Ejemplo: **1**
- **¿Cuánto es?**
- **Cuesta un ojo de la cara.**

Escucha y lee la poesía.

El primer resfriado

Me duelen los ojos,
me duele el cabello,
me duele la punta
tonta de los dedos.

Y aquí en la garganta
una hormiga corre
con cien patas largas.

¡Ay, mi resfriado!
Chaquetas, bufandas,
leche calentita
y doce pañuelos
y catorce mantas
y estarse muy quieto
junto a la ventana.

Me duelen los ojos,
me duele la espalda,
me duele el cabello,
me duele la tonta
punta de los dedos.

Celia Viñas

el resfriado	*cold*
la punta de los dedos	*fingertips*
la hormiga	*ant*
la bufanda	*scarf*
el pañuelo	*handkerchief*
la manta	*blanket*

Contesta a las preguntas en inglés.

1. What is the poem about?
2. Do you like it? Why? / Why not?

Copia y completa la traducción de la poesía en inglés. Utiliza el minidiccionario si es necesario.

My **1** —— hurt,
my hair **2** ——,
my stupid **3** —— hurt.
And here in my **4** ——
an ant is running around
with **5** —— large feet.

¡RESUMEN! I can...

- say what foods I like or don't like — **Me gusta la carne. No me gustan las galletas.**
- say how often I eat something — **Como pescado tres veces a la semana.**
- ask how often someone eats something — **¿Con qué frecuencia comes...?**
- ▪ use direct object pronouns — **La como cada día. Casi nunca los como.**

- say what sports I do / play and how often — **Juego al baloncesto una vez al mes.**
- say what sport I prefer — **Prefiero hacer atletismo.**
- ▪ use stem-changing verbs — **Juego al rugby, pero prefiero hacer natación.**

- talk about daily routine — **Me levanto a las cinco y desayuno enseguida.**
- ▪ use reflexive verbs — **Me ducho y luego me visto.**

- say what you/one must (not) do — **Se debe comer más fruta. No se debe fumar.**
- agree or disagree with advice — **Claro que sí. ¡Qué tontería! ¿Estás loco/a?**
- ▪ use **(no) se debe** with an infinitive — **Se debe dormir ocho horas al día. No se debe comer caramelos.**

- say what's wrong with me — **Tengo catarro. No me encuentro bien.**
- ▪ use **me duele(n)** — **Me duele el pie. Me duelen los oídos.**
- ▪ use **estar** for temporary states — **Estoy enfermo/a. Estoy cansado/a.**

- S give a presentation about fitness and routine
- S add interest to what I say by creating complex sentences
- S avoid lists and repetition
- S use cue cards to rehearse my presentation
- S speak clearly and look up

- S work out the meaning of some Spanish idioms
- S understand a poem in Spanish

¡PREPÁRATE!

1 **Escucha y completa la tabla en inglés. (1–3)**

	food / drink	frequency
1	fish …	3x week …

2 **Con tu compañero/a, haz un diálogo. Utiliza los dibujos. Inventa detalles.**

- ¿Llevas una dieta sana?
- ¿Cuántas veces a la semana comes...?
- ¿Qué haces para estar en forma?
- ¿Qué comiste ayer?

● ¿...?
■ ✓
● ¿ ?
■ 4x
● ¿...?
■ ,
● ¿...?
■

(♥ = prefiero)

3 **Lee el texto y completa las frases en inglés.**

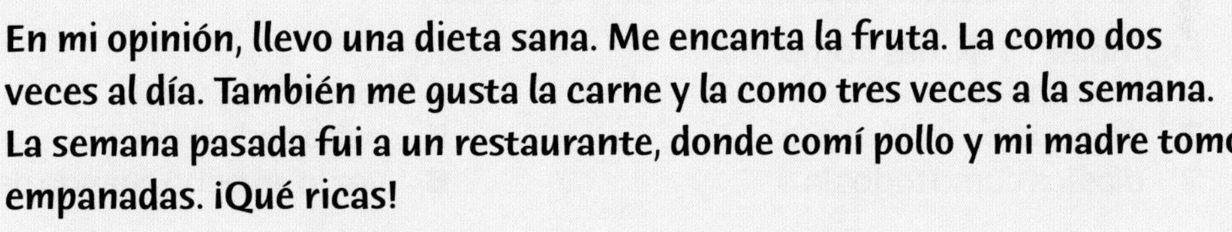

En mi opinión, llevo una dieta sana. Me encanta la fruta. La como dos veces al día. También me gusta la carne y la como tres veces a la semana. La semana pasada fui a un restaurante, donde comí pollo y mi madre tomó empanadas. ¡Qué ricas!

Generalmente mi rutina diaria no es muy interesante. Todos los días me despierto temprano, a las siete y cuarto, y me levanto enseguida. Desayuno y luego voy al insti. A veces meriendo algo sano.

Para estar en forma, hago footing muy a menudo después del insti. Ayer corrí medio maratón. Fue increíble, pero ahora me duelen los pies y estoy muy cansada. ¡Hoy no voy a correr! Además, ayer me quemé. Yo sé que se debe poner crema solar. La próxima vez voy a llevar una gorra y voy a beber agua frecuentemente.

Andrea

1. Andrea thinks her diet is ——. She eats fruit ——.
2. Last week she ——. Her mother ——.
3. Every day she ——.
4. To keep fit, she ——.
5. Yesterday she ——, but now ——.
6. In addition, yesterday she ——.
7. Next time she ——.

4 **Escribe un párrafo.**

Include information about:

- your diet
- your daily routine
- the sports you do
- something you did recently
- an injury or ailment you suffered
- what you will do next time.

To reach a higher level in your writing:
- express opinions and points of view
- link your sentences and paragraphs
- adapt phrases that you already know.

Direct object pronouns

Direct object pronouns are words like 'it' and 'them'. They replace the object of the verb.

I eat fish. → I eat **it** twice a week.
Como pescado. → **Lo** como dos veces a la semana.

In Spanish, direct object pronouns come in front of the verb. In sentences with direct object pronouns, expressions of frequency usually come after the verb.

Lo como **de vez en cuando**. I eat it from time to time.

In a negative sentence, direct object pronouns come between the **no** or **nunca** and the verb.

Nunca **lo** como. I never eat it.

Direct object pronouns change according to the gender and number of the object they are replacing.

	singular (it)	plural (them)
masculine	lo	los
feminine	la	las

1 Write these sentences out in the correct order.

Example: **1** No las como.

1 no como las
2 menudo como lo muy a
3 días los como todos la
4 los nunca como
5 bebo cada la día
6 vez lo en bebo cuando de

2 Answer each question, saying how often you eat / drink each item.

Example: **1** No, nunca lo como. / Sí, lo como tres veces a la semana.

1 ¿Comes pescado?
2 ¿Comes carne?
3 ¿Comes verduras?
4 ¿Comes perritos calientes?
5 ¿Bebes refrescos?
6 ¿Bebes agua?

Stem-changing verbs

Stem-changing verbs, like **jugar** (to play), have a vowel change in their stem in the 'I', 'you' (singular), 'he/she' and 'they' forms of the present tense. Some people call them 'boot verbs'.

juego	I play	jugamos	we play
juegas	you (sg) play	jugáis	you (pl) play
juega	he/she plays	**jue**gan	they play

In some verbs **e** changes to **ie**:
pref**e**rir (to prefer) → pref**ie**res (you prefer)
qu**e**rer (to want) → qu**ie**re (he/she wants)

In some verbs **o** changes to **ue**:
p**o**der (to be able) → p**ue**den (they can)
d**o**rmir (to sleep) → d**ue**rmo (I sleep)

3 Translate these sentences into Spanish.

1 He prefers to dance.
2 What do you (singular) want?
3 She plays football.
4 They sleep for eight hours.
5 I can go to the cinema.

Reflexive verbs

Reflexive verbs often describe an action you do to yourself. They include a reflexive pronoun (e.g. **me**, **te**, **se**). The reflexive pronoun goes in front of the verb and changes according to who does the action.

lavarse	to get washed (to wash oneself)		
me lavo	I get washed	**nos** lavamos	we get washed
te lavas	you get washed	**os** laváis	you (pl) get washed
se lava	he/she gets washed	**se** lavan	they get washed

Some reflexive verbs are also stem-changing:

desp**e**rtarse → me desp**ie**rto ac**o**starse → me ac**ue**sto v**e**stirse → me v**i**sto

4 Add the correct reflexive pronoun to these sentences, then translate them into English.

Example: **1** Se levantan a las seis. They get up at six.

1 ___ levantan a las seis.
2 ___ lavo los dientes.
3 ___ acostamos a las diez.
4 ¿A qué hora ___ duchas?
5 ___ despierta muy temprano.
6 ¿A qué hora ___ vestís?

5 Write a sentence in Spanish to go with each picture. Use the part of the verb shown in brackets.

Example: **1** Me despierto a las siete menos cuarto.

1 (I) **2** (she) **3** (they) **4** (we) **5** (you singular)

Se debe

Se debe means 'you/one must'. It is an impersonal verb, which means it is only used in the 'it' form. It is followed by the infinitive.

Se debe beber agua frecuentemente. You must drink water frequently.
No se debe comer muchos caramelos. You mustn't eat lots of sweets.

6 Carlos is very unfit. Write eight pieces of advice using se debe and no se debe to help him get fit.

Example: **1** Se debe beber agua frecuentemente.

1 Nunca bebo agua.
2 Duermo tres horas al día.
3 Como comida basura.
4 Bebo muchos refrescos.
5 No entreno.
6 Fumo.
7 Bebo alcohol.
8 No como fruta.

¿Llevas una dieta sana? Do you have a healthy diet?

Llevo una dieta sana.	I have a healthy diet.	**la pasta / la pizza**	pasta / pizza
Me gusta (bastante / mucho) el pan.	I (quite / really) like bread.	**los caramelos**	sweets
		los huevos	eggs
Me gustan las galletas.	I like biscuits.	**los pasteles**	cakes
No me gusta(n) (nada)...	I (really) don't like... (at all).	**las galletas**	biscuits
el arroz / el pan	rice / bread	**las verduras**	vegetables
el pollo / el pescado	chicken / fish	**Como / Comí verduras.**	I eat / ate vegetables.
la carne / la ensalada	meat / salad	**Bebo / Bebí agua.**	I drink / drank water.

¿Con qué frecuencia comes pescado? How often do you eat fish?

Lo / La / Los / Las como...	I eat it / them...	**muy a menudo**	very often
tres veces al día	three times a day	**a veces**	sometimes
cada día / todos los días	every day	**de vez en cuando**	from time to time
dos veces a la semana	twice a week	**(Casi) nunca lo / la / los / las como.**	I (almost) never eat it / them.
los fines de semana	at weekends		
una vez al mes	once a month		

¿Qué haces para estar en forma? What do you do to keep fit?

Me gusta mucho hacer deporte.	I really like doing sport.	**Juego a la pelota vasca.**	I play pelota (Basque ball game).
Hago artes marciales.	I do martial arts.	**...en el parque / gimnasio**	...in the park / gym
Hago atletismo.	I do athletics.	**Voy al polideportivo.**	I go to the sports centre.
Hago footing.	I go jogging.	**Soy miembro de un club.**	I belong to a club.
Hago gimnasia.	I do gymnastics.	**Voy a clases de baile.**	I go to dance classes.
Hago natación.	I go swimming.	**Prefiero jugar al fútbol.**	I prefer playing football.
Juego al baloncesto.	I play basketball.	**Es mi deporte preferido.**	It is my favourite sport.
Juego al ping-pong.	I play table tennis.	**Empecé (a jugar)...**	I started (playing)...
Juego al tenis.	I play tennis.	**a los (diez) años**	at the age of (ten)
Juego al voleibol.	I play volleyball.	**Voy a empezar a (hacer)...**	I am going to start (doing)...

¿Cuál es tu rutina diaria? What is your daily routine?

me despierto (muy temprano / a las siete)	I wake up (very early / at 7 o'clock)	**meriendo**	I have an afternoon snack
		ceno (...)	I have (... for) dinner
me levanto (enseguida)	I get up (straight away)	**salgo (a correr)**	I go out (running)
me lavo los dientes	I brush my teeth	**corro (veinte kilómetros)**	I run (twenty kilometres)
me ducho	I shower	**entreno**	I exercise / train
me visto	I get dressed	**voy al insti / trabajo**	I go to school / work
me acuesto	I go to bed	**termino (a las dos)**	I finish (at two o'clock)
desayuno	I have breakfast	**duermo (ocho horas)**	I sleep (for eight hours)

Consejos para estar en forma Advice for keeping fit / in shape

Para estar en forma...	To keep fit / in shape...
Se debe...	You/One must...
beber agua frecuentemente	drink water frequently
comer más fruta y verduras	eat more fruit and vegetables
comer menos chocolate / caramelos	eat less chocolate / fewer sweets
dormir ocho horas al día	sleep for eight hours a day
entrenar una hora al día	train for one hour a day
No se debe...	You/One must not...
beber alcohol	drink alcohol
beber muchos refrescos	drink lots of soft drinks
comer comida basura	eat junk food
fumar	smoke
Soy adicto/a al / a la / a los / a las...	I am addicted to...
A partir de ahora, voy a...	From now on, I am going to...

¿Qué tal estás? How are you?

¿Qué te duele?	What hurts?
¿Te duele el estómago?	Does your stomach hurt?
Me duele el brazo / el estómago / el pie.	My arm / stomach / foot hurts.
Me duele la cabeza / la espalda / la garganta.	My head / back / throat hurts.
Me duele la mano / la pierna.	My hand / leg hurts.
Me duelen los dientes.	My teeth hurt.
Me duelen los oídos.	My ears hurt / I have earache.
Me duelen los ojos.	My eyes hurt.
Tengo catarro.	I have a cold.
Tengo náuseas.	I feel sick / nauseous.
Tengo quemaduras del sol.	I have sunburn.
Tengo tos.	I have a cough.
Estoy cansado/a.	I'm tired.
Estoy enfermo/a.	I'm ill.
No me encuentro bien.	I don't feel well.

Palabras muy frecuentes High-frequency words

lo / la	it
los / las	them
casi	almost / nearly
cada	each / every
todo/a/os/as	all
mucho/a/os/as	a lot (of)
ayer	yesterday
hace (dos) años	(two) years ago
el fin de semana pasado	last weekend
la próxima vez	next time
para	(in order) to
creo que	I think that

Estrategia 3

Learning new vocabulary

- Make your own word games. For example, write down the Spanish words you need to learn in one column and their English translations in another. Cut them up and play a game of pairs. Say each Spanish word to yourself as you pick it up.
- Next, take your learning further. In your vocabulary lists, highlight the words you definitely know in green. Highlight the ones that you don't know in red. Work harder at learning the red words. When you think you know a red word, draw a star by it.

la mano	hand
la pierna	leg
el pie	foot

Una rutina de baile

- Teaching a dance routine
- Revising the imperative

Escucha. Escribe las letras en el orden correcto.

Ejemplo: c, …

a 
Las manos arriba.

b 
Las manos abajo.

c 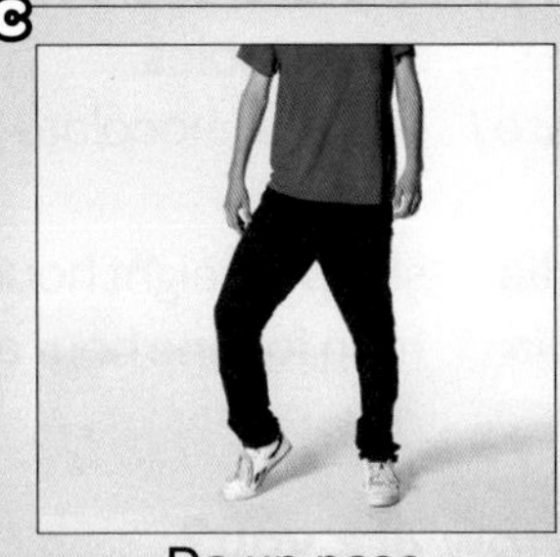
Da un paso a la izquierda.

d 
Da un paso a la derecha.

e 
Toca los dedos de los pies.

f 
Pon las manos en las caderas.

g 
Haz un círculo con las caderas.

h 
¡Otra vez! ¡Repite!

i 
¡Da palmas!

j 
¡Salta!

Remember, you use the imperative to tell someone what to do. Take the **tú** (you) form of the verb in the present tense and take off the final 's'.

tocas (you touch) → **¡Toca!** (Touch!)
repites (you repeat) → **¡Repite!** (Repeat!)

Some imperatives are irregular:

haces (you make) → **¡Haz!** (Make!)
pones (you put) → **¡Pon!** (Put!)

Escribe cinco instrucciones nuevas para hacer una rutina de baile.

Ejemplo:

Pon las manos en la cabeza…

Con tu compañero/a, da instrucciones para hacer una rutina de baile. Tu compañero/a baila.

Ejemplo:

● **Primero, da un paso a la derecha. Luego…**

Use sequencers to help tell your partner what to do:

primero **luego** **ahora**
después **finalmente**

Escucha y completa la canción con las palabras del recuadro.

Con la mano dentro, con la mano fuera.
Con la 1 ___ dentro y la hacemos girar.
Bailando el bugui, bugui,
Una vuelta atrás y ahora 2 ___ aplaudir.

Estribillo
Hey bugui, bugui hey.
Hey bugui, bugui hey.
Hey bugui, bugui hey.
Y ahora vamos a 3 ___.

Con la pierna dentro, con la pierna fuera.
Con la 4 ___ dentro y la hacemos girar.
Bailando el bugui, bugui,
Una vuelta atrás y ahora vamos a aplaudir.

(Estribillo)

Con la cabeza 5 ___, con la cabeza fuera.
Con la cabeza dentro y la hacemos girar.
Bailando el bugui, bugui,
Una vuelta atrás y ahora vamos a aplaudir.

(Estribillo)

Todo el 6 ___ dentro, todo el cuerpo fuera.
Todo el cuerpo dentro y lo hacemos girar.
Bailando el bugui, bugui,
Una vuelta atrás y ahora vamos a aplaudir.

dentro
mano
aplaudir
pierna
cuerpo
vamos a

Busca las frases en español en la canción.

1 with your hand in
2 turn around
3 with your head out
4 we twist it around
5 now we are going to clap
6 whole body in

En un grupo de cuatro personas, prepara una rutina de baile.

- Choose a song. Think carefully about the rhythm. You should keep things simple, but it needs to be lively!
- Divide the song into segments and invent steps for each segment.
- Write out the instructions in Spanish.
- Rehearse. Teach each other the steps in Spanish as you practise.
- Choose an outfit for your group. Can you all wear the same coloured T-shirt, for example?
- Smile and have fun as you dance!

Cada grupo presenta su baile. Los otros grupos puntúan sobre seis y dan su opinión.

Each group presents their dance. The other groups give a score out of 6 and give their opinion.

A mí me encanta.
Me gusta muchísimo.
No me gusta nada.
¡Qué buena idea!
¡Ay! ¡Qué horror!

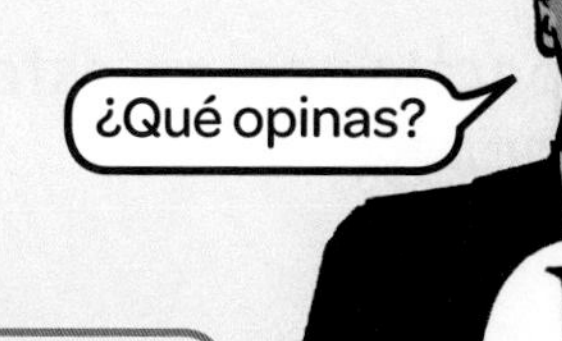

Jóvenes en acción

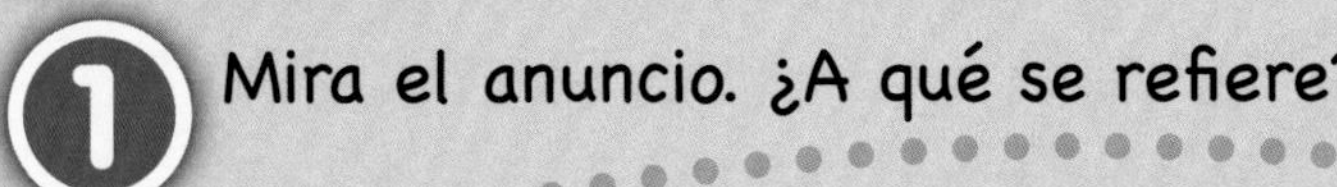

1 Mira el anuncio. ¿A qué se refiere?

2 ¿Cuántos kilos de botellas de plástico recicladas contienen los coches Ford?

04.05.2012 | 15:29 | Por: Subiuncambio

Autos Ford con botellas recicladas

Los autos que la compañía produce en Sudamérica incorporan entre 5 y 7 kilos de botellas plásticas recicladas en alfombras y recubrimientos de techo, entre otras partes.

Some words are different in Latin American and Castilian Spanish:
car { **coche** (Castilian) / **auto** (Latin American)

3 Para participar en este concurso, se debe…

a correr
b leer
c estudiar
d dibujar

4 ¿En cuántos años se descompone una bolsa de plástico?

Las bolsas de plástico tardan al menos unos 400 años en descomponerse. La mejor solución es reducir su uso a lo estrictamente necesario.

Alternativa 1: Bolsa reutilizable

Alternativa 2: Bolsa de papel

Alternativa 3: Bolsa de bioplástico

Raquel Carvajal Amador, Imagen de Veracruz

- **a** trescientos años
- **b** doscientos años
- **c** cuatrocientos años
- **d** cien años

5 ¿Cuál es el mensaje de este anuncio?

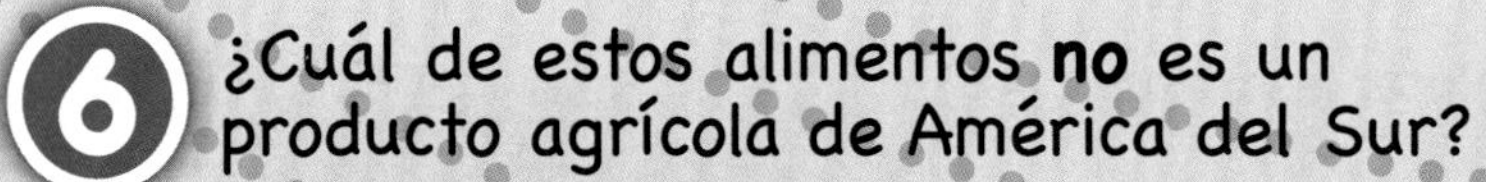

6 ¿Cuál de estos alimentos **no** es un producto agrícola de América del Sur?

- **a** el cacao
- **b** las patatas
- **c** el maíz
- **d** las naranjas chinas
- **e** el café

Did you know that bananas are an important crop in Spanish-speaking Latin America? The average banana eaten in the UK has travelled 4680 miles!

Mis derechos

- Talking about children's rights
- Using the verb **poder**

1 LEER

Empareja las frases con las fotos correctas.

tengo derecho a	*I have the right to*

Ejemplo: **1** c

1 Tengo derecho a la educación.

2 Tengo derecho al juego.

3 Tengo derecho al amor y a la familia.

4 Tengo derecho a un medio ambiente sano.

5 Tengo derecho a la libertad de expresión.

6 Tengo derecho a vivir en armonía.

a 

b 

c 

d 

e 

f 

The 'United Nations Convention on the Rights of the Child' is an important document that outlines every child's rights. Around the world, however, some children are deprived of these rights.

2 ESCUCHAR

Escucha y comprueba tus respuestas. (1–6)

3 ESCUCHAR

Escucha y escribe la letra correcta para completar las frases. (1–6)

gritar	*to shout*

Ejemplo: **1** c

1	Natalia:	No puedo dar mi opinión...	**a**	porque tengo que trabajar.
2	Diego:	No puedo dormir...	**b**	porque el aire está contaminado.
3	Aaliyah:	No puedo ir al insti...	**c**	porque soy una chica.
4	Adrián:	No puedo salir...	**d**	porque mi padre grita mucho.
5	Kori:	No puedo jugar con mis hermanos...	**e**	porque tengo que ganar dinero.
6	Sergio:	En la ciudad donde vivo no podemos respirar...	**f**	porque hay mucha violencia en mi ciudad.

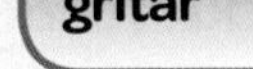

4 LEER

Traduce las frases del ejercicio 3 al inglés.

Ejemplo: **1** I can't give my opinion because I am a girl.

Gramática

Poder (to be able to / can) is a stem-changing verb that is usually followed by the infinitive.

puedo	I can	**podemos**	we can
puedes	you can	**podéis**	you (pl) can
puede	he/she can	**pueden**	they can

No puedo dormir. I can't sleep.
No podemos respirar. We can't breathe.

>> p92

Con tu compañero/a, habla de los problemas de los niños del ejercicio 3. Usa los derechos del ejercicio 1.

Ejemplo:

- **A ver... Adrián no puede salir porque hay mucha violencia en su ciudad.**
- **No es justo porque tiene derecho a vivir en armonía.**

No es justo porque...	*It isn't fair because...*
Es inaceptable porque...	*It is unacceptable because...*

Think about which elements of the sentences from exercise 3 you need to change when talking about someone else.

For example:

mi/mis (my) → **su/sus** (his/her)

puedo (I can) → **puede** (he/she can)

You will need to change other verbs, too.

Lee el artículo. ¿Verdadero o falso? Escribe V o F.

privado/a	*deprived*
las mujeres	*women*

¿Privados de derechos?

Me llamo Iker. Tengo trece años y soy español. Tenemos mucha suerte en España porque tenemos muchas posibilidades. Por ejemplo, podemos dar nuestra opinión y también podemos ir al insti. En el futuro voy a ser médico.

Me llamo Sita y soy paquistaní. Vivo en Karachi. En nuestro país a veces hay violencia contra las mujeres. Tenemos derecho a vivir en armonía, pero no podemos salir solas. En el futuro voy a ser abogada porque quiero ayudar a la gente.

Me llamo Liliana y soy mexicana. En mi país hay niños que no pueden ir al insti porque tienen que trabajar y ganar dinero. En la Ciudad de México hay niños que no pueden respirar bien porque hay mucha contaminación. En el futuro voy a ser profesora porque quiero educar a los niños.

1. En España los niños no van al colegio.
2. En Pakistán las niñas pueden salir solas.
3. En México hay niños que no tienen acceso a la educación.
4. En el futuro Sita quiere trabajar como peluquera.
5. A Iker le gustaría ser abogado.
6. Liliana quiere educar a los niños privados de derechos.

Adjectives of nationality start with a small letter in Spanish and, as with all adjectives, they have to agree in gender.

ending in:	masculine singular	feminine singular
-o	mexicano	mexicana
-és	inglés	inglesa
other consonants	español	española

Escucha. Copia y completa la tabla en inglés.

periodista	*journalist*

name	nationality	rights	future plans
Isaac			
Andrea			

Eres David, un chico colombiano. Escribe un artículo sobre tu vida.

- David – Colombian – lives in Bogotá **(Me llamo... soy... Vivo...)**
- Can express opinion **(Puedo...)**
- Can play, not much violence **(También puedo... porque...)**
- In Colombia there are some children who have to work to earn money **(En Colombia hay niños que...)**
- Right to healthy environment, but air is polluted **(Tengo derecho a...)**
- In future will be a lawyer because wants to help people **(En el futuro...)**

El comercio justo

- Talking about fair trade
- Expressing your point of view

el patrón	*employer*
los beneficios	*profits*

Escucha y lee.

¿Quién hace los productos que compras?

Tiene doce años.

Vive en una plantación.

Trabaja catorce horas al día.

Trabaja seis días a la semana.

Gana treinta y ocho euros al mes.

Carla trabaja para un patrón.

Carla

Tiene dieciocho años.

Vive con su familia.

Trabaja siete horas al día.

Trabaja cinco días a la semana.

Gana sesenta euros al mes.

José trabaja para una cooperativa.

José

El patron

El patrón de Carla tiene cincuenta años.

Trabaja ocho horas al día.

Trabaja cinco días a la semana.

Recibe beneficios del 70%.

Normalmente son quinientos euros al mes.

Zona Cultura

a cooperative = an organisation owned by its members

Fairtrade = an organisation that fights for better working conditions and prices for farmers and workers in the developing world

Lee el texto otra vez. Elige la respuesta correcta.

1. José gana más / menos que Carla.
2. Carla es más joven / vieja que José.
3. Carla trabaja más / menos horas al día que su patrón.
4. José vive con su patrón / familia.
5. El patrón de Carla trabaja más / menos que José.
6. Carla gana más / menos que su patrón.

Gramática

Remember, the present tense verb endings for the **third person** (he/she/it/they) work like this:

infinitive	3rd person singular (he/she/it)	3rd person plural (they)
trabajar	trabaja	trabajan
tener	tiene	tienen
vivir	vive	viven

>> p92

Traduce las frases al español. Adapta las frases del ejercicio 1.

1. Manuela works ten hours a day.
2. She lives with her brother.
3. He is nine years old.
4. They earn forty euros a month.
5. They work six days a week.

Escucha a las personas que están hablando del comercio justo. Escribe las frases en el orden correcto.
Listen to the people talking about fair trade. Write the sentences in the correct order.

a A partir de ahora voy a comprar productos con el sello de comercio justo.

b Mira... lo bueno es que José, que trabaja para una cooperativa, puede ganar lo suficiente para vivir.

c Yo también voy a comprar productos con el sello de comercio justo.

d El problema es que los productos con el sello de comercio justo son más caros.

e Pero lo malo es que Carla tiene que trabajar catorce horas al día y no gana lo suficiente para vivir.

f Y a veces no se pueden encontrar estos productos fácilmente.

Trabaja en un grupo de cuatro personas. Una persona es Carla o José. Describe tu vida. Los otros reaccionan.

● **Me llamo... Trabajo... Gano...**
■ **Lo bueno es que...**
▲ **¡Qué bien! / ¡Es justo!**
◆ **Lo malo es que... / El problema es que...**
■ **¡No es justo! / ¡Es inaceptable! En el futuro voy a...**
▲ **Yo también voy a...**

Lee el texto. Completa las frases en inglés.

¿Por qué trabajan los niños?

En algunos países muchos niños trabajan en fábricas y son explotados. Si los niños no van a la escuela, pueden trabajar. Si los niños trabajan, pueden ganar dinero para sus familias. Para los jefes, los niños son más baratos que los adultos: los jefes les pagan menos. Los niños trabajan catorce horas al día, seis días a la semana, en condiciones de trabajo horrorosas y no se quejan…

In some countries many children **1** ▬ in factories and are **2** ▬. If children **3** ▬ school, they can **4** ▬. If children **5** ▬, they can **6** ▬. For bosses, **7** ▬ are cheaper than **8** ▬: bosses pay them **9** ▬. The children work **10** ▬ a day, **11** ▬ a week, in terrible **12** ▬ and don't complain.

Escribe un artículo para una revista.

Write:

- Yolanda is thirteen years old **(Yolanda tiene...)**
- she lives on a plantation **(Vive...)**
- she works six days a week and earns thirty-five euros a month **(Trabaja... y gana...)**
- how you feel about this **(En mi opinión, es / no es...)**
- that you will buy fair trade products from now on **(A partir de ahora...)**.

¡Reciclamos!

- Talking about recycling
- Using **se debería**

Escucha y lee el rap. Pon las fotos en el orden correcto del texto.

Ejemplo: f, ...

apagar la luz	*to turn off the light*
cerrar el grifo	*to turn off the tap*

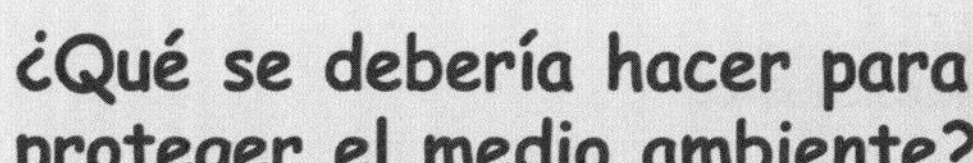

¡Planeta, te quiero verde! ¡Planeta, te quiero verde!
Se debería reciclar el papel y el vidrio.
Y también se debería reciclar el plástico.

¡Planeta, te quiero verde! ¡Planeta, te quiero verde!
Se debería ir en bici o usar transporte público.
Se debería desenchufar los aparatos eléctricos.

¡Planeta, te quiero verde! ¡Planeta, te quiero verde!
Se debería ahorrar energía en casa.
Se debería apagar la luz y conservar el agua.

¡Planeta, te quiero verde! ¡Planeta, te quiero verde!
Se debería ducharse en vez de bañarse.
Se debería, en casa, cerrar el grifo.

¡Planeta, te quiero verde! ¡Planeta, te quiero verde!
No se debería usar bolsas de plástico.
Se debería... se debería... se debería reciclar.

¡Planeta, te quiero verde! ¡Planeta, te quiero verde!
No se debería tirar la basura al suelo.
¡No se debería malgastar el agua!

¡Planeta, te quiero verde! ¡Planeta, te quiero verde!

a

b

c

d

e
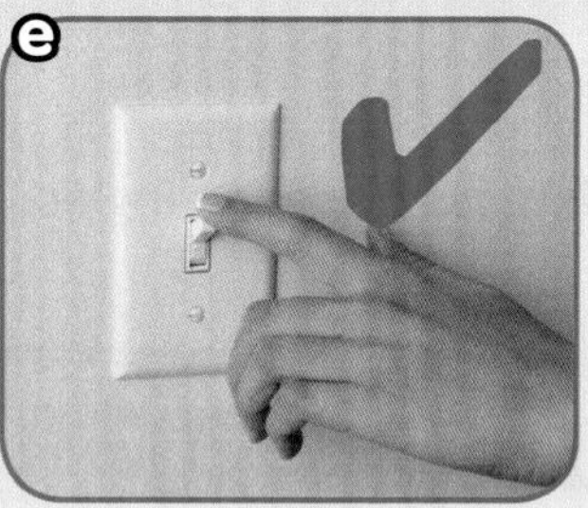

f
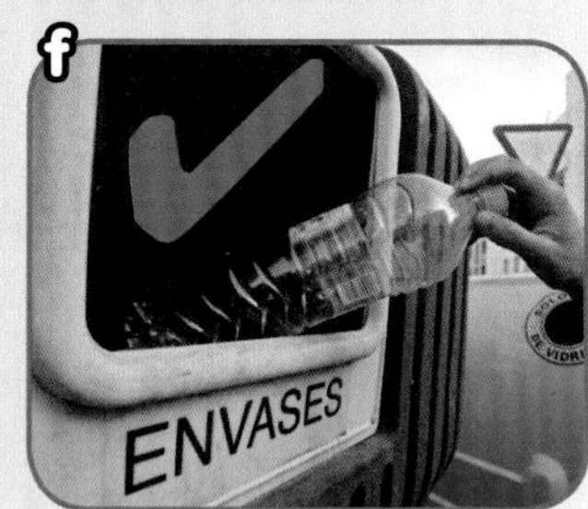

¡Canta el rap!

Gramática

Se debería + infinitive means 'you/we should'. It is the conditional form of se debe.

Se debería reciclar.	You/We should recycle.
No se debería usar bolsas de plástico.	You/We shouldn't use plastic bags.

>> p93

Busca las frases en español en el rap.

1. You should recycle paper and glass.
2. You should save energy at home.
3. You shouldn't waste water.
4. You shouldn't throw rubbish on the ground.
5. You should unplug electrical devices.
6. You shouldn't use plastic bags.

Juego de memoria. Con tu compañero/a, añade por turnos otro consejo a la frase.

¿Qué se debería hacer para proteger el medio ambiente?

- ● **Se debería apagar la luz.**
- ■ **Se debería apagar la luz y no se debería tirar la basura al suelo.**

Lee el texto. Copia y completa la tabla en inglés.

Para ser un instituto verde…

Hace dos años:
- Empezamos un programa de reciclaje en el insti.
- Hicimos un jardín en el insti, donde plantamos árboles y flores.
- Organizamos una recogida de basura un día en nuestro insti.

Ahora:
- Vamos en bicicleta al insti.
- Utilizamos el papel por ambos lados.
- No tiramos la basura al suelo.

Proyectos posibles:
- Se debería organizar un evento para el 22 de abril, Día de la Tierra.
- Se debería hacer compostaje.
- Se debería reutilizar las cosas, así que en la cafetería vamos a usar vasos y platos reutilizables.
- Se debería reducir el consumo eléctrico.

Remember, the 'we' form of **-ar** verbs is the same in the preterite and the present tense: **organizamos** means 'we organise' and 'we organised'.

la recogida	*collection*
ambos lados	*both sides*

what they did 2 years ago…	what they do now…	what they should do…
began a recycling programme		

Escucha y escribe las letras de las dos acciones que no se mencionan.

a 
b 
c 
d 
e 
f 
g 
h 

SKILLS

Creating complex sentences

You can use **para** (in order to) + **infinitive** to create more complex sentences.

Para ser un instituto verde…	In order to be a green school…
Para proteger el medio ambiente…	In order to protect the environment…

Prepara y haz una presentación sobre tu insti.

Say:
- what you have done to make your school 'greener' **(Para…, el año pasado / hace dos años hicimos / organizamos…)**
- what you do now in your school to help the environment **(Ahora reciclamos / reutilizamos / usamos…)**
- what you should do in the future **(Se debería hacer / reducir / utilizar…)**.

Mi ciudad

- Talking about how a town has changed
- Using the imperfect tense

¿Cómo era tu ciudad antes? ¿Cómo es ahora? Empareja las frases.

Ejemplo: **1** b

¿Cómo era tu ciudad antes? ¿Cómo es ahora?

peligroso/a	*dangerous*
sucio/a	*dirty*
el barrio	*neighbourhood*

Antes...

1 
...en mi ciudad no había medios de transporte público.

2 
...no había nada para los jóvenes.

3 
...en mi ciudad había mucha violencia. Era muy peligrosa.

4 
...mi ciudad estaba sucia y había mucha basura.

5 
...había mucha contaminación.

Ahora...

a 
...no tiene barrios peligrosos. Hay parques y espacios públicos muy bonitos.

b 
...hay una red de transporte muy buena.

c 
...hay menos contaminación.

d 
...está limpia y hay menos basura.

e 
...hay muchas cosas para los jóvenes, por ejemplo polideportivos.

Escucha y comprueba tus respuestas. (1–5)

Gramática

The imperfect tense describes what something used to be like.

present	imperfect
hay (there is/are)	**había** (there used to be)
tiene (it has)	**tenía** (it used to have)
está (it is)	**estaba** (it used to be)
es (it is)	**era** (it used to be)

Note: you use estar to refer to a location or a condition (e.g. clean, dirty).

>> p93

Pronunciación

Remember, the Spanish **c** is pronounced as a 'th' sound before **i** and **e**.

d is a soft sound flicked off the back of the teeth. Practise saying **ciudad**.

>> p133

Con tu compañero/a, haz dos diálogos.

1
- **¿...?**
- **Antes había mucha contaminación. Además, ...**
- **¿...?**
- **Ahora hay menos... y...**

Think carefully about how to ask what your partner's town used to be like and what it is like now. Which question words will you use? Which tenses do you need?

	before	after
1	pollution, nothing for young people to do, violence	less pollution, sports centres, not dangerous
2	no public transport, dirty, lots of rubbish	good transport, clean, less rubbish

4 **Lee los tuits. Copia y completa la tabla en inglés para cada persona.**

name	city in past	city in present	city in future
Leila	lots of violence		

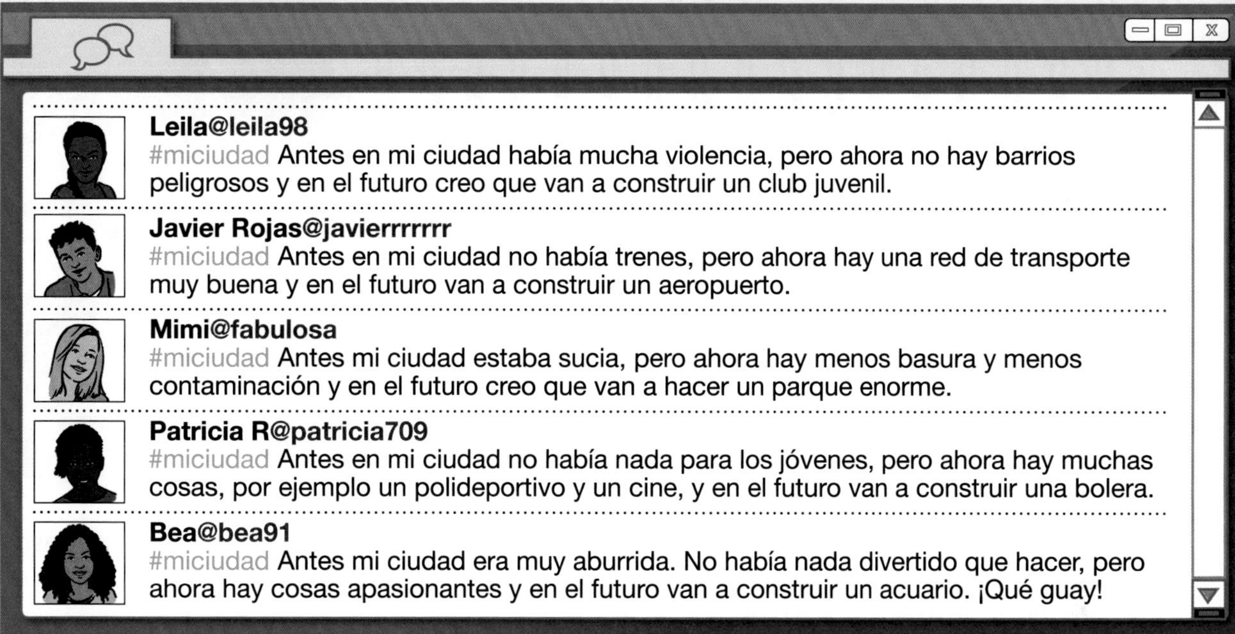

Leila@leila98
#miciudad Antes en mi ciudad había mucha violencia, pero ahora no hay barrios peligrosos y en el futuro creo que van a construir un club juvenil.

Javier Rojas@javierrrrrrr
#miciudad Antes en mi ciudad no había trenes, pero ahora hay una red de transporte muy buena y en el futuro van a construir un aeropuerto.

Mimi@fabulosa
#miciudad Antes mi ciudad estaba sucia, pero ahora hay menos basura y menos contaminación y en el futuro creo que van a hacer un parque enorme.

Patricia R@patricia709
#miciudad Antes en mi ciudad no había nada para los jóvenes, pero ahora hay muchas cosas, por ejemplo un polideportivo y un cine, y en el futuro van a construir una bolera.

Bea@bea91
#miciudad Antes mi ciudad era muy aburrida. No había nada divertido que hacer, pero ahora hay cosas apasionantes y en el futuro van a construir un acuario. ¡Qué guay!

5 **Escucha a los jóvenes. Escribe las letras en la columna correcta.**

a 

b 

name	before	now	future
Maricarmen	f		
Jorge			

c 

d 

e 

f 

6 **Trabaja en un grupo de cuatro. Habla de una ciudad que conoces.**
Work in a group of four. Talk about a town or city that you know.

Ejemplo:

● **En mi opinión, antes no había nada para los jóvenes, pero ahora hay muchas cosas interesantes.**

■ **¿Estás loco/a? No estoy de acuerdo. No hay nada para los jóvenes.**

▲ **No, no tienes razón. Hay muchas posibilidades para los jóvenes, y además, en el futuro...**

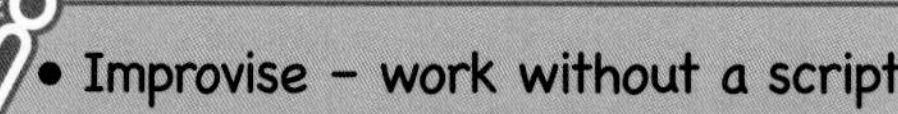

- Improvise – work without a script.
- React to one another's answers.
- Try to paraphrase (say things in a different way).

7 **Elige una ciudad: Medellín, Montevideo o Lima. Busca información en Internet y escribe un texto.**

Escribe:

- cómo era **(Antes... no había... tenía... También estaba...)**
- cómo es **(Ahora hay... tiene ... También está...)**
- cómo va a ser en el futuro **(En el futuro van a construir... Va a ser...)**.

Queremos recaudar fondos

- Writing about fundraising
- Choosing the correct Spanish word

WRITING SKILLS

Lee el texto. Busca las frases en español en el texto.

En mi insti hacemos muchos proyectos solidarios. El año pasado, por ejemplo, hicimos una marcha para recaudar fondos para niños privados de sus derechos en Colombia. ¡Lo pasamos bomba y, además, recaudamos mucho dinero!
El año que viene vamos a hacer un lavado de coches porque queremos recaudar fondos para la asociación española contra el cáncer. ¡Va a ser muy divertido!

1. we do lots of charity projects
2. we did a walk to raise funds for…
3. what's more, we raised lots of money
4. Next year, we are going to do a car wash.
5. It's going to be really fun!

Busca las palabras subrayadas en un diccionario.

1. We did a <u>run</u> to raise funds.
2. We organised a <u>dance</u> to raise funds.
3. Next year we are going to have a <u>raffle</u>.
4. We are going to work for the <u>community</u>.
5. It's going to be <u>wonderful</u>.

SKILLS

Using the English-to-Spanish section of a dictionary

It is important to know whether the word you want to look up is a noun, a verb or an adjective. Look for the following abbreviations:

n = noun ***vt*** (or ***vi***) = verb ***adj*** = adjective

'We did a sponsored <u>run</u>.'
Is 'run' a noun or a verb in this sentence?

'to help <u>fight</u> AIDS in Africa'
Do you need the noun or the verb for 'fight'?

Traduce las frases del ejercicio 2 al español.

SKILLS

Words with multiple meanings

Some words have more than one meaning. For example, if you want to say your school is going to have a <u>draw</u>, you might find this:

draw *n*
1. (= *lottery*) lotería *f*
2. (= *equal score*) empate *m*

vt
1. (= *pull*) correr
2. (= *extract*) sacar
3. (= *sketch*) dibujar

Which word should you choose and why?

A good way of making sure you have chosen the right word is to check in the Spanish-to-English part of the dictionary. Ask yourself:

- How is the word you have found translated back into English?
- Are there any example sentences that might help you?

Remember, 'm' or 'f' after a noun tells you whether it is masculine or feminine. From this, you can work out whether to use **el** or **la**, **un** or **una**.

Elige la palabra correcta. Busca en un diccionario si es necesario.

1. I am going to <u>run</u> in a marathon.
   Voy a dirigir / correr / funcionar en un maratón.
2. We <u>raised</u> funds.
   Criamos / recaudamos / elevamos fondos.
3. It's for an important <u>cause</u>.
   Es para una razón / un motivo / una causa importante.
4. They organised <u>a race</u>.
   Organizaron una raza / una carrera / un género.
5. I won first <u>place</u>.
   Gané el primer asiento / sitio / puesto.
6. He <u>works</u> for a charity.
   Trabaja / Funciona / Acciona para una organización benéfica.

Busca el verbo correcto y completa las frases.

1. La semana pasada ▬▬ un partido de fútbol con fines benéficos. (we organised)
2. ▬▬ los fondos a proyectos solidarios. (We are going to donate)
3. Quiere ▬▬ a los demás. (to help)
4. ▬▬ contra el cáncer. (We fight)
5. ▬▬ a una fiesta del Día del Niño. (We are going to attend)

con fines benéficos	*for charity*
los demás	*other people*

SKILLS

Using the right verb form

Verbs are listed in the infinitive in a dictionary. Ask yourself:

- If more than one verb is given, which one is correct for the context?
- Which tense do you need? Or do you just need the infinitive (e.g. after another verb)?
- Which person of the verb do you need to use (I, you, he, she, we, etc.)?

If you need help forming your verb, use the verb tables on pages 130–132.

Completa el texto con los verbos del recuadro.

En mi insti vamos a **1** ▬▬ una campaña para **2** ▬▬ fondos. Tenemos que elegir una organización benéfica y luego tenemos que **3** ▬▬ qué actividad vamos a hacer. Hay muchas opciones. Por ejemplo, yo quiero **4** ▬▬ durante veinticuatro horas, pero mi amiga prefiere **5** ▬▬ pasteles. O tal vez vamos a hacer una rifa con un gran premio. Un lavado de coches es otra idea o también podemos **6** ▬▬ y vender un calendario.

bailar
recaudar
vender
hacer
diseñar
decidir

elegir *to choose*

Describe los proyectos solidarios en tu instituto.

Write:

- that you did a charity project last year **(El año pasado hicimos…)**
- that you raised a lot of money **(Recaudamos…)**
- how it went **(¡Lo pasamos / Fue…!)**
- what you are going to do next year **(El año que viene vamos a…)**
- that you want to raise money for a good cause **(Queremos recaudar…)**.

Solidarios

- Reading about world issues
- Working out meaning using common sense and context

1 **Lee el poema. Contesta a las preguntas en inglés.**

Niños de Somalia

Yo como
Tú comes
Él come
Nosotros comemos
Vosotros coméis
¡Ellos no!

Gloria Fuertes

1 Which part of the verb **comer** is not used in the poem and why?
2 What is the poet's message? Explain why you think this.
3 What is your opinion of this poem? Explain your reasons.

Think about the context of the poem and use common sense to help you answer the questions.

2 **Escribe un poema utilizando *Niños de Somalia* como modelo. Elige uno de los títulos y utiliza el verbo indicado.**
Write a poem using 'Niños de Somalia' as a model. Choose one of the titles and use the verb given.

Niñas de Afganistán

estudiar

Niños de Haití

beber

3 **Lee el texto. ¿Qué dos dibujos no se mencionan?**

¿Qué podemos hacer para luchar contra el trabajo infantil?

- Podemos ser consumidores responsables de productos agrícolas.
- Podemos consumir y malgastar menos comida.
- Podemos respetar los derechos de los niños a la educación, al descanso y al juego.
- Podemos comprar productos con el sello de comercio justo.

4 **Traduce el texto del ejercicio 3 al inglés.**

Empareja los títulos con los dibujos correctos.

Ejemplo: **1** c

Consejos para Reciclar

WWF

Empieza en casa

1

2

3

4

5

Utiliza bien los contenedores

Cada cosa en su sitio

Lámparas y fluorescentes

Teléfonos móviles

Dale una oportunidad a tus residuos

Juega al fútbol-chapa o a una carrera ciclista

Haz macetas con latas y briks

Escuela de RECICLAJE

Ilustraciones: © Antonio Ojea
Edita: WWF España
Síguenos en:

www.escueladereciclaje.com • www.wwf.es

> **SKILLS**
>
> **Understanding unfamiliar words**
>
> It is important to use common sense and to look at the context when you meet words you don't know in a text.
>
> Can you work out what the following instruction from the poster means?
>
> **Utiliza bien los contenadores.**

a Papel y cartón al contenedor azul

b Plásticos, latas y tetra briks al contenedor amarillo

c Separa los residuos para llevarlos al contenedor correcto

d Ropa usada al contenedor morado

e Vidrio al contenedor verde

Lee el texto y escribe las frases completas en inglés.

5 consejos para cuidar el medio ambiente

1. Para ahorrar agua, lo más importante es no desperdiciarla. Por eso, cierra el grifo mientras te cepillas los dientes, o mientras te enjabonas en la ducha. Además, es mejor cambiar el baño por la ducha.
2. Antes de reciclar el papel, recuerda usarlo por las dos caras. Además, puedes comprar papel reciclado, así salvarás árboles.
3. Utiliza el transporte público en lugar del coche. Es un ahorro para toda la familia, y contribuirás a evitar la contaminación y el derroche de energía.
4. Reutiliza las bolsas de plástico, y utiliza mejor las que son biodegradables. Guárdalas al hacer la compra, o usa bolsas de tela.
5. No abuses de la luz eléctrica, aprovecha la luz natural. Es más saludable ajustar nuestro horario para aprovechar al máximo las horas de luz solar.

1. In order to save water, ▬▬ when you are brushing ▬▬.
2. Before ▬▬, remember to use both sides. If you buy ▬▬ you will save trees.
3. Use ▬▬ instead of the car.
4. Reuse plastic ▬▬. It is even better if they are ▬▬. Keep them when you ▬▬.
5. Don't abuse ▬▬. Take advantage of ▬▬. It is healthier to adjust our timetable to take advantage of ▬▬.

- say what rights I have as a child — Tengo derecho al juego.
- discuss children's lack of rights — No es justo porque no tiene derecho a la educación.
- use the verb **poder** with an infinitive — No pueden ir al instituto.
- use adjectives of nationality — Soy español(a). Es inglés/inglesa.

- discuss workers' conditions — Trabaja catorce horas al día. Gana treinta euros.
- talk about fair trade — Voy a comprar productos con el sello de comercio justo.
- use the third person singular and plural — Vive con su familia. Trabajan para una cooperativa.
- S express my point of view — Lo bueno es que... Lo malo es que...

- say how we should help the environment — Se debería ahorrar energía.
- say what 'green' things we have done — Hicimos un jardín.
- say what 'green' things we do now — Vamos al insti en bicicleta.
- use **se debería / no se debería** with an infinitive — Se debería reciclar. No se debería usar bolsas de plástico.
- S use complex sentences with **para** + infinitive — Para ser un insti verde, conservamos el agua.

- say what a town used to be like — Antes había mucha violencia.
- say what it is like now — Ahora no tiene barrios peligrosos.
- say what is going to happen — Van a construir un parque.
- use the imperfect tense — Estaba sucia. Había mucha contaminación.

- S write about raising money for charity
- S choose the correct Spanish word in a dictionary by:
  - working out whether I need a noun, verb or adjective
  - deciding which translation is correct if a word has multiple meanings
  - cross-checking in the Spanish-to-English section
  - using the correct form of verbs

- S read complex texts about world issues
- S work out meaning using common sense and context

Escucha. Copia y completa la tabla en inglés. (1–3)

1 Rubén **2** Nuria **3** Jorge

name	problems / rights	future plans
Rubén	lots of violence, …	

Con tu compañero/a, haz dos diálogos. Elige A o B e utiliza los dibujos.

- **¿Cómo era tu ciudad antes?**
  - Antes había / no había / estaba / era…
- **¿Cómo es ahora?**
  - Ahora hay / no hay / está / es…
- **¿Cómo va a ser en el futuro?**
  - Van a construir…

A

B

Lee los textos. Contesta a las preguntas.

Felipe tiene diecinueve años. Hace un año empezó a trabajar para una cooperativa que hace productos con el sello de comercio justo. Vive con su familia. Trabaja siete horas al día, cinco días a la semana. Puede ganar lo suficiente para vivir. En el futuro quiere ser periodista.

Carmen tiene doce años y trabaja en una fábrica. No va al insti porque tiene que ganar dinero para su familia. Trabaja catorce horas al día, seis días a la semana, en condiciones de trabajo horrorosas. No puede respirar porque el aire está contaminado.

Óscar tiene trece años y vive en Madrid. Puede jugar con sus amigos e ir al insti. Hace dos años empezó a comprar productos con el sello de comercio justo. En el futuro va a ser médico porque quiere ayudar a los niños enfermos.

Who…

1 makes fair trade goods?
2 wants to help children in the future?
3 has to earn money for his/her family?
4 began buying fair trade products two years ago?
5 has difficulty breathing because of pollution?
6 wants to be a journalist?

Escribe un párrafo sobre tu instituto.

Include:

- what you have done to make your school 'green'
- what you do now at school in order to protect the environment
- what you should do to help in the future.

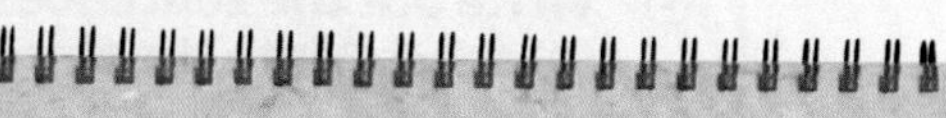

El año pasado / Hace dos años hicimos…
Ahora reciclamos…
Se debería…

To reach a higher level, include opinions and try to link your sentences and paragraphs.

Poder

Poder (to be able to / can) is a stem-changing verb that is usually followed by the infinitive.

p**ue**do	I can	podemos	we can
p**ue**des	you can	podéis	you can
p**ue**de	he/she can	p**ue**den	they can

No p**ue**do estudiar. I can't study. P**ue**de jugar. He/She can play.

1 Fill in the gaps with the form of poder shown in brackets. Then translate the sentences into English.

Example: **1** No puede salir sola. She can't go out alone.

1 No ___ salir sola. (she)
2 ___ ir al insti. (we)
3 ___ respirar. (they)
4 No ___ dar mi opinión. (I)
5 ¿ ___ dormir? (you singular)
6 ___ vivir en armonía. (you plural)

Using the third person forms (he/she/it/they)

In the present tense, these are the verb endings you use to talk about other people.

	infinitive	**third person singular (he/she/it)**	**third person plural (they)**
regular -ar verbs	trabaj**ar**	trabaj**a**	trabaj**an**
regular -er verbs	com**er**	com**e**	com**en**
regular -ir verbs	viv**ir**	viv**e**	viv**en**
irregular verbs	hacer	hace	hacen
	ir	va	van
	ser	es	son
	tener	tiene	tienen

2 Complete the sentences with the correct part of the verb in brackets in the present tense.

Example: **1** tienen

José y Marina **1** (tener) once años y **2** (vivir) en una plantación. No **3** (ir) al insti. **4** (trabajar) trece horas al día, seis días a la semana. **5** (ganar) treinta y cinco euros al mes. Su patrón **6** (tener) cuarenta y ocho años. **7** (trabajar) siete horas al día, cinco días a la semana. **8** (ganar) más que José y Marina, y **9** (recibir) beneficios del 70%.

3 Write out the sentences, changing the present tense verbs in the first person forms ('I' or 'we') into the third person forms ('he/she/it' or 'they'), as shown in brackets.

Example: **1** Come pollo y...

1 Como pollo y bebo agua frecuentemente. (he)
2 Vendemos productos con el sello de comercio justo. (they)
3 Soy boliviana y tengo doce años. (she)
4 Vamos a la piscina, donde hacemos natación. (they)
5 Vivo en Londres, pero hablo español en casa. (he)
6 Escribimos canciones y tocamos la guitarra. (they)

Se debería

Se debería means 'you/we should'. It is the conditional form of **se debe**. It is followed by the infinitive.

Se debería apagar la luz.	You/we should turn off the light.
No se debería usar bolsas de plástico.	You/we shouldn't use plastic bags.

4 **How should we help the environment? Create 6 sentences, using a phrase from each box.**

Example: Se debería reciclar el papel.

Se debería No se debería	tirar usar ahorrar malgastar reciclar desenchufar	los aparatos eléctricos. energía en casa. el papel. el agua. la basura al suelo. transporte público.

The imperfect tense

The imperfect tense is used to describe what something used to be like. It is formed by removing the infinitive endings (**-ar**, **-er**, **-ir**) and then adding these endings:

trabaj**ar**	com**er**	viv**ir**
trabaj**aba**	com**ía**	viv**ía**
trabaj**abas**	com**ías**	viv**ías**
trabaj**aba**	com**ía**	viv**ía**
trabaj**ábamos**	com**íamos**	viv**íamos**
trabaj**abais**	com**íais**	viv**íais**
trabaj**aban**	com**ían**	viv**ían**

The following irregular verbs work like this in the imperfect:

es (it is) → **era** (it used to be)
está (it is) → **estaba** (it used to be)
hay (there is) → **había** (there used to be)
tiene (it has) → **tenía** (it used to have)
voy (I go) → **iba** (I used to go)

5 **Look at this old picture of a town. Use the imperfect tense to describe what it used to be like.**

Example: Antes había mucha basura...

6 **Put the verbs in brackets into the 'I' form of the imperfect tense. Then translate the text into English.**

Example: **1** era

Cuando **1** (ser) pequeño, **2** (vivir) con mi abuela. Todos los días **3** (ir) al insti a pie. **4** (jugar) a la pelota con mis amigos en el patio y después del insti **5** (ir) al parque, donde **6** (montar) en bici.

Mis derechos   My rights

Tengo derecho…	I have the right…
al amor y a la familia	to love and to family
al juego	to play
a la educación	to education
a la libertad de expresión	to freedom of expression
a un medio ambiente sano	to a healthy environment
a vivir en armonía	to live in harmony
No puedo…	I cannot…
dar mi opinión	give my opinion
jugar con mis hermanos	play with my brothers and sisters
salir solo/a	go out alone
dormir	sleep
ir al insti(tuto)	go to school
respirar	breathe
porque…	because…
soy chico/a	I am a boy/girl
tengo que ganar dinero	I have to earn money
hay mucha violencia en mi ciudad	there is a lot of violence in my city
mi padre grita mucho	my dad shouts a lot
tengo que trabajar	I have to work
el aire está contaminado	the air is polluted
No es justo porque…	It isn't fair because…
Es inaceptable porque…	It is unacceptable because…

Las nacionalidades   Nationalities

Soy…	I am…
boliviano/a	Bolivian
colombiano/a	Colombian
mexicano/a	Mexican
norteamericano/a	North American
inglés/inglesa	English
español(a)	Spanish
paquistaní	Pakistani

El comercio justo   Fair trade

Tiene (diez) años.	He/She is (ten) years old.
Vive / Viven…	He/She lives / They live…
con su familia	with his/her family
en una plantación	on a plantation
Trabaja / Trabajan…	He/She works / They work…
(catorce) horas al día	(fourteen) hours a day
(seis) días a la semana	(six) days a week
para un patrón	for an employer
para una cooperativa	for a cooperative
Gana / Ganan (treinta) euros al mes.	He/She earns / They earn (thirty) euros a month.

¡Reciclamos!   Let's recycle!

¿Qué se debería hacer para proteger el medio ambiente?	What should you/we do to protect the environment?
Para proteger el medio ambiente, …	In order to protect the environment, …
Se debería…	You/We should…
ahorrar energía en casa	save energy at home
apagar la luz	turn off the light
cerrar el grifo	turn off the tap
conservar el agua	save water
desenchufar los aparatos eléctricos	unplug electrical devices
ducharse en vez de bañarse	have a shower instead of a bath
ir en bici(cleta)	go by bike
reciclar el papel / el plástico / el vidrio	recycle paper / plastic / glass
usar transporte público	use public transport
No se debería…	You/We shouldn't…
malgastar el agua	waste water
tirar la basura al suelo	throw rubbish on the ground
usar bolsas de plástico	use plastic bags

Mi ciudad My town / city

¿Cómo era tu ciudad antes?	What was your town / city like before?
Antes…	Before…
era (bastante) aburrida	it used to be (quite) boring
era (muy) peligrosa	it used to be (very) dangerous
estaba sucia	it used to be dirty
había mucha basura	there used to be a lot of rubbish
había mucha contaminación	there used to be a lot of pollution
había mucha violencia	there used to be a lot of violence
no había medios de transporte público	there didn't use to be means of public transport
no había nada para los jóvenes	there didn't use to be anything for young people
¿Cómo es ahora?	What is it like now?
Ahora…	Now…
está limpia	it is clean
hay menos basura	there is less rubbish
hay menos contaminación	there is less pollution
hay parques y espacios públicos muy bonitos	there are very nice parks and public spaces
hay una red de transporte muy buena	there is a very good transport network
hay muchas cosas para los jóvenes	there are lots of things for young people
no tiene barrios peligrosos	it doesn't have dangerous neighbourhoods

Palabras muy frecuentes High-frequency words

mi/mis	my
su/sus	his/her
nuestro/a/os/as	our
más… (que)	more… (than)
menos… (que)	less… (than)
para	in order to / for
hay	there is/are
había	there was/were/used to be
a partir de ahora	from now on
además	in addition, what's more

Estrategia 4
Extending your answers

Look at these two answers.

Hay mucha basura.

En mi región hay mucha basura. Mucha gente tira la basura al suelo, por ejemplo. La ciudad está muy sucia también. No me gusta nada. Se debería reciclar el papel y el vidrio.

Get into the habit of showing off what you know:

- Make a point.
- Give an example.
- Add something.
- Give an opinion.
- Say what should be done.

Las historias que contamos

- Understanding a Peruvian folk tale
- Writing a story for young children

South America has a very rich history of folklore and mythology. Animals often play a big part in these folk tales. Does the Peruvian story of *Ayaymama* make you think of any stories from your culture?

Escucha y lee.

Me llamo José. Tengo dos hijos: Diego y Alejandro. Su madre murió hace tres años y ahora vivo con Carolina, su madrastra.

Me llamo Carolina. Vivo con José. Soy la madrastra de Diego y Alejandro. Mis hijastros son muy difíciles. ¡Son unos animales! Tienen que irse.

José, tienes que abandonar a tus hijos en la selva. No puedo vivir con ellos.

¡Ay, ay, ay! No quiero hacerlo, pero tengo que escuchar a mi mujer.

Vamos, niños, vamos a jugar en la selva...

Papá, ¿dónde estás?

Los niños duermen en un árbol de la selva al lado de un pájaro. Poco a poco se transforman en pájaros. Cantan una canción especial: '¡Ayaymama!' La canción significa: '¡Ay, ay, mamá! ¿Por qué nos dejaste?' Todavía cantan...

Tienen que irse.	*They have to go.*
mi mujer	*my wife*
¿Por qué nos dejaste?	*Why did you leave us?*

Busca el equivalente de estas expresiones en español en la historia.

1 Their mother died three years ago.
2 My stepchildren are very difficult.
3 ...you have to abandon your children in the jungle.
4 The boys sleep in a tree in the jungle.
5 Little by little they change into birds.
6 They are still singing...

Trabaja en un grupo de cuatro personas. Da tu opinión sobre la historia de *Ayaymama*.

¿Qué te pareció la historia de *Ayaymama*?

● **Me encantó...**

■ **¡Qué triste! / ¡Qué trágica! / ¡Fantástica! / ¡Maravillosa!**

▲ **No me gustó nada...**

◆ **¡Ay! / ¡Qué horror! / ¡Qué tontería!**

Empareja las frases con los dibujos.

Cenicienta

a De repente, aparece su hada madrina y le dice: "Cenicienta, ya puedes ir al baile, pero tienes que volver a casa a medianoche." "¿Estás loca? No puedo ir. ¡Mira mi vestido!", responde Cenicienta. El hada madrina saca su varita mágica y la transforma en una princesa.

b El príncipe se casa con Cenicienta y viven muy felices.

c El sábado a las siete, las hermanastras feas se van al baile con la madrastra. Cenicienta, sola en casa, llora.

d Para encontrar a la princesa, el príncipe tiene una idea: "Mi princesa tiene que calzar este zapato."

e "Me llamo Cenicienta. Vivo con mi madrastra y mis hermanastras en una gran ciudad. Hago los trabajos más duros de la casa. Tengo que limpiar la casa, por ejemplo, y preparar la comida."

f "Este fin de semana hay un baile en el palacio. No puedo ir porque tengo que trabajar."

g En el palacio, el príncipe baila con Cenicienta toda la noche. A las doce, Cenicienta exclama: "Tengo que irme." Sale corriendo, pero pierde un zapato.

Trabaja en un grupo de cuatro personas. Vas a escribir una historieta para niños.

Work in a group of four people. You are going to write a short story for children.

- **Discuss** which stories you might be able to adapt.
- **Choose** a story you can tell in very simple language.
- **Look for** words or phrases in the *Ayaymama* and *Cenicienta* stories that you could use.
- **Brainstorm** other words and phrases you could use in your short story.
- **Present** your story as a cartoon strip. Decide how many frames you will need.

En tu grupo, escribe la historieta.

- Keep your story as simple as possible.
- Begin the story from the main character's point of view: "My name is... I live in / with... I have...".
- Write mainly in the present tense, but use other tenses if you need to.
- Try to stick to language that you know, but use a dictionary to look up any new words.
- Write a first draft and check it for accuracy as a group. Then ask your teacher to do a final check.

Una aventura en Madrid

1 Este anuncio se refiere a:

a hoteles en Madrid
b restaurantes en Madrid
c visitas en Madrid
d teatros en Madrid

2 En esta parte de Madrid se puede...

a coger el autobús
b comprar fruta
c tomar el metro
d comer algo

3 Lee el anuncio. ¿Verdadero o falso? Durante el Maratón de Madrid se puede:

1 escuchar música **2** correr **3** ganar una medalla

La Puerta del Sol square in Madrid is considered by many to be the symbolic centre of both the city and the country. It is the 'kilómetro 0' for all roads in Spain!

Busca en el plano de Madrid:

1 el estadio Santiago Bernabéu
2 la Gran Vía
3 el Museo del Prado
4 el parque del Retiro

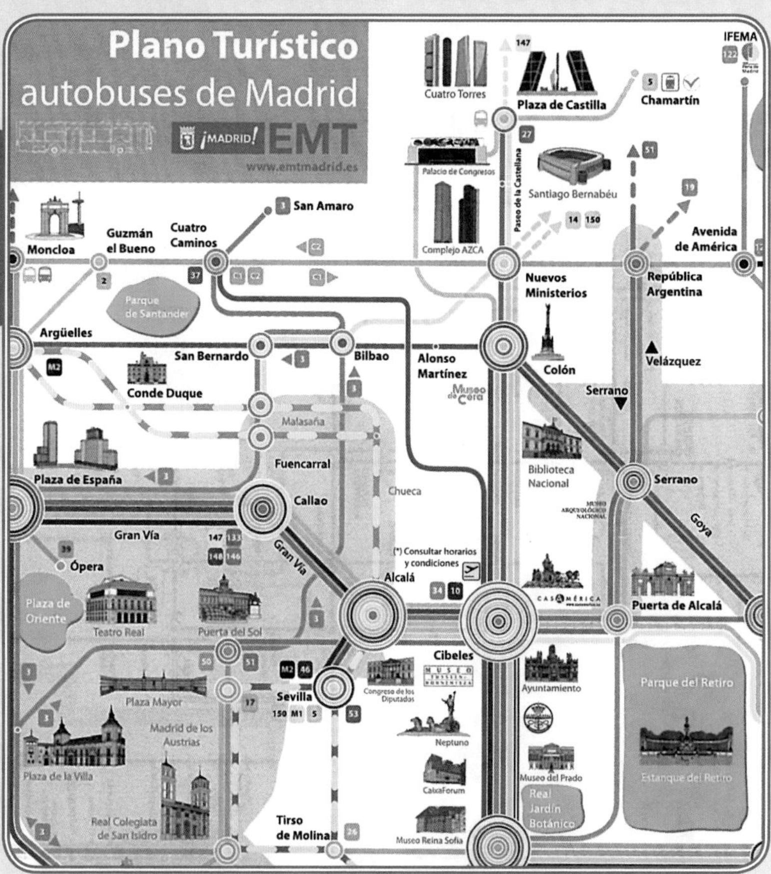

¿Qué animal es parte del símbolo de Madrid?

a el oso
b el perro
c el gato
d la cobaya

Did you know that even though Madrid is over 300 kilometres from the coast, it has its own urban beach built beside the city's river, the Río Manzanares?

¿Qué información **no** aparece en este folleto sobre el zoo de Madrid?

ZOO AQUARIUM DE MADRID

✉ Casa de Campo, s/n

☎ 902 34 50 14

Ⓜ CASA DE CAMPO

€ Precio adultos: 22,90 €
niños (3–7): 18,55 €

🕓 Lun–vier: 10:30–20:00 h
Sáb–dom: 10:30–20:30 h

a el numero de teléfono
b el precio
c los horarios
d el nombre del restaurante

¡Mucho gusto!

- Meeting and greeting people
- Using expressions with **tener**

1 LEER **Aisha visita a la familia de Serena. Empareja las frases con las fotos.**

Ejemplo: **1** d

encantado/a / **mucho gusto**	*pleased to meet you*
un ratito	*(for) a little while*

a Serena: Este es mi hermano, Hugo, y estas son mis hermanas, Irene y Paula.

b Paloma: ¿Tienes hambre, Aisha? ¿O quizás tienes sed? ¿Quieres comer o beber algo?

c Carlos: ¿Quieres ver la tele un ratito?
Aisha: De acuerdo..., pero antes quiero mandar un SMS a mis padres.

d Serena: Estos son mis padres. Te presento a mi padre, Carlos, y a mi madre, Paloma.
Aisha: Mucho gusto.
Carlos: Encantado. ¿Qué tal fue el viaje?
Aisha: Bastante largo, pero interesante.

Un poco más tarde...

e Serena: ¿Tienes sueño?
Aisha: Sí, tengo sueño. ¿Puedo ducharme y luego acostarme?

f Aisha: No tengo hambre, pero tengo sed. ¿Puedo beber algo?
Paloma: Por supuesto, por supuesto.

Tengo... ¿Tienes...?	hambre sed sueño

Quiero... ¿Puedo...?	acostarme ducharme mandar un SMS

¿Quieres...?	beber / comer algo acostarte ducharte

2 ESCUCHAR **Escucha y comprueba tus respuestas. (1–6)**

3 HABLAR **Con tu compañero/a, haz el diálogo.**

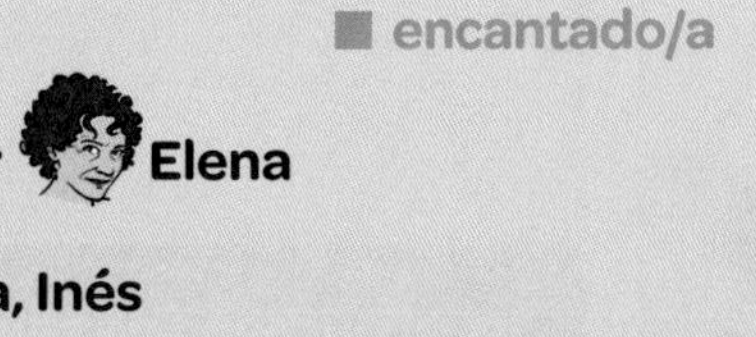

- ● **Este es...** Víctor, Elena, Lola, Inés ■ **encantado/a**
- ● **¿viaje?** ■
- ● ¿ ? ■
- ● ¿ ? ■
- ● ¿ ? ■

Gramática

The verb tener means 'to have'. However, it is translated as 'to be' in the following expressions:

tener hambre	to be hungry
tener sed	to be thirsty
tener sueño	to be sleepy

If you need to remind yourself how tener works, **see pages 130-132.**

Introducing people:

singular		plural	
masculine	**feminine**	**masculine**	**feminine**
Este es...	Esta es...	Estos son...	Estas son...

Max visita a la familia de Sergio. Escucha y elige la respuesta correcta.

1 La madre de Sergio se llama María / Marisol / Mónica.
2 Alejandro es el abuelo / hermano / padre de Sergio.
3 Max tiene sed / hambre / sueño.
4 La madre le ofrece a Max calamares / tortilla / un bocadillo.
5 Max quiere ducharse / ver la tele / acostarse.

Lee el texto. ¿Verdadero o falso? Escribe V o F. Luego corrige los errores en inglés.

martes 24 marzo

Esta noche va a llegar mi invitada inglesa, Amy. Es una chica muy simpática. Me llevo muy bien con ella. Nos conocimos el año pasado en Benidorm. Amy va a pasar una semana con nosotros. Quiere mejorar su español, así que vamos a hablar en español todo el tiempo.

Primero le voy a presentar a mi familia y luego vamos a comer algo: tortilla de patatas, queso y pan con tomate. Si quiere, vamos a ver la tele, pero tal vez va a tener sueño después de su viaje. Mañana vamos a visitar la ciudad. ¡Va a ser guay!

Carolina

1 Amy arrived the previous day.
2 Carolina and Amy met in Benidorm.
3 Amy is going to spend one week with Carolina's family.
4 Amy doesn't speak any Spanish.
5 Carolina is going to offer Amy a snack.
6 They have already visited the city.

Trabaja en un grupo de cuatro personas. Inventa un sketch cómico con un(a) invitado/a muy exigente.
Work in a group of four people. Invent a comic sketch with a very demanding guest.

Papeles:

Martín o Martina: el amigo español / la amiga española

Alex: el invitado británico / la invitada británica

Pilar: la madre

Jorge: el padre

In your group:
- introduce everyone
- ask about Alex's journey
- find out how he/she feels (hungry, tired, thirsty, etc.)
- offer food, drink, a shower, watching TV, etc.
- explain what you are going to do tomorrow.

Alfredo es un invitado que no es nada exigente. Escribe una tira cómica sobre su llegada.
Alfredo is a very undemanding guest. Write a comic strip about his arrival.

La caza del tesoro

- Talking about a treasure hunt
- Using the superlative

Escucha y lee. Pon las fotos en el orden del texto.

Sergio: Hoy vamos a hacer una caza del tesoro en Madrid.
Max: ¡Qué bien! ¿Qué vamos a hacer?
Sergio: A ver, primero hay que ir a la churrería más antigua de Madrid, donde vamos a comer churros. Luego hay que ir al parque del Retiro, donde vamos a dibujar el león más feroz del Retiro.
Max: De acuerdo...
Sergio: Después vamos a ver un cuadro de la infanta más famosa de Madrid en el Museo del Prado. Hay que comprar una postal en la tienda del museo. Más tarde hay que ir al estadio Santiago Bernabéu, donde tenemos que sacar una foto del campo más famoso de Madrid. Finalmente hay que coger el teleférico más espectacular de España. Vamos a guardar la entrada como recuerdo.
Max: ¡Lo vamos a pasar guay!

el cuadro	*picture*
la infanta	*princess*
el teleférico	*cable car*
el recuerdo	*souvenir*

a 

b 

c 

d 

e 

f 

Hay que + infinitive
You/We have to...
Tenemos que + infinitive
We have to...
Vamos a + infinitive
We are going to...

Gramática

Remember, you use the superlative to say 'the (old)-est', 'the most (famous)', etc.

singular		plural	
masculine	**feminine**	**masculine**	**feminine**
el **cuadro más famos**o	la **tienda más famos**a	los **cuadros más famos**os	las **tiendas más famos**as

>> p114

Busca las frases en español en el texto del ejercicio 1.

1. the most famous pitch in Madrid
2. the most spectacular cable car in Spain
3. the most famous princess in Madrid
4. the most ferocious lion in Retiro Park
5. the oldest churros shop in Madrid

Con tu compañero/a, haz un diálogo.

- **¿Qué vamos a hacer durante la caza de tesoro?**
- **Primero hay que ir al..., donde vamos a ver / dibujar / sacar una foto de...**
- **De acuerdo. Luego...**

- primero museo → antiguo
- luego parque → grande
- después estadio → espectacular
- finalmente  famoso

Escucha. Copia y completa la tabla en inglés.

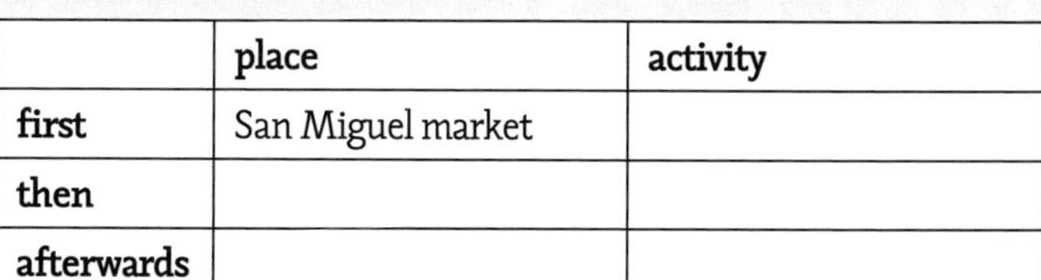

	place	activity
first	San Miguel market	
then		
afterwards		

Lee los textos. Contesta a las preguntas en inglés.

La gran caza del tesoro: ¿Qué animales puedes encontrar en Madrid?

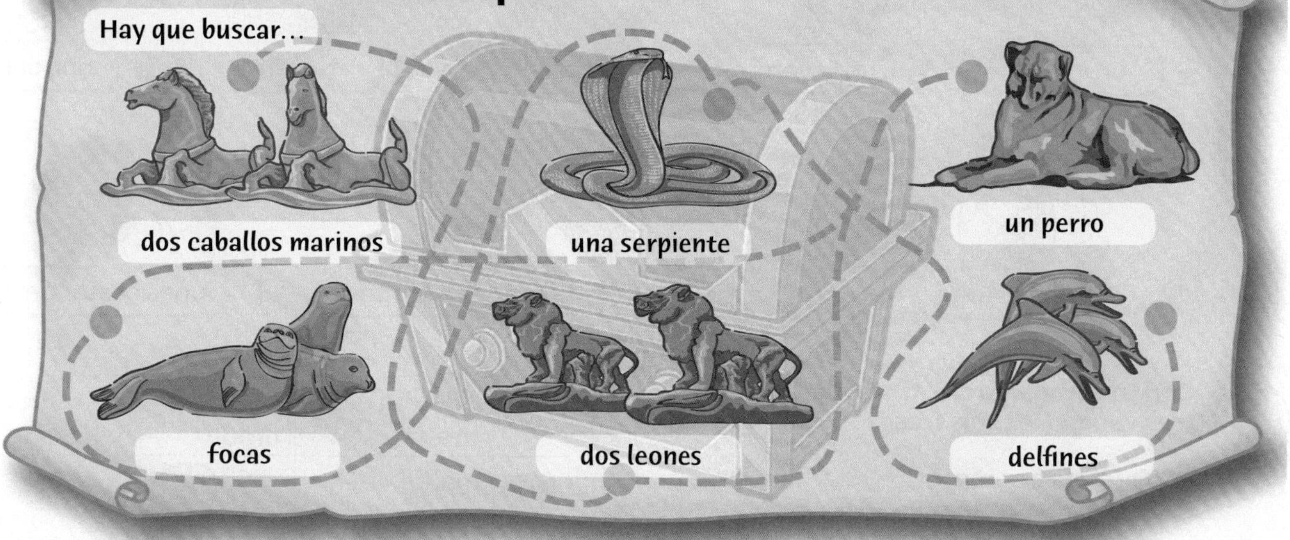

Hay que buscar…

dos caballos marinos

una serpiente

un perro

focas

dos leones

delfines

El fin de semana pasado, mi amigo Pablo y yo decidimos hacer esta caza del tesoro en Madrid y lo pasamos fenomenal. Primero fuimos al Retiro, donde vimos dos leones que forman parte del monumento a Alfonso XII en el parque. Me encantó.

Luego fuimos a pie al Museo del Prado, donde vimos un perro en el cuadro más famoso de Velázquez, *Las Meninas*. Al lado del Prado está la fuente de Neptuno, y allí vimos delfines, focas, dos caballos marinos y una serpiente. Dibujé la fuente porque me encanta dibujar.

Después cogimos el metro y fuimos de paseo por la Gran Vía, pero no compramos nada. El fin de semana que viene vamos a hacer otra caza del tesoro. ¡Me chiflan!

Diego

1. Where exactly are the lions in Retiro Park?
2. Which animal appears in a famous painting by Velázquez?
3. How many different types of animals are there on Neptune's Fountain?
4. What does Diego like doing?
5. How did they travel to Gran Vía?
6. When are they going to do another treasure hunt?

Traduce el texto al español.

Yesterday I did a treasure hunt. I went to the oldest market in Madrid, where I bought fruit.
Then I drew *Las Meninas*, the most famous painting in the Prado Museum. I love drawing.
Afterwards I took the bus to Gran Vía, the most important street in Madrid.
Tomorrow I am going to take the cable car and I am going to take a photo of the city.

En la tienda de recuerdos

- Discussing buying souvenirs
- Using the comparative

1 **Escucha. Copia y completa la tabla en inglés. (1–4)**

¿Qué vas a comprar?

	wants to buy something for…	is going to buy either… or…
1	his dad	d, …

a un imán

b un llavero

c un collar

d turrón

e una camiseta

f una figurita

g una taza

h unos pendientes

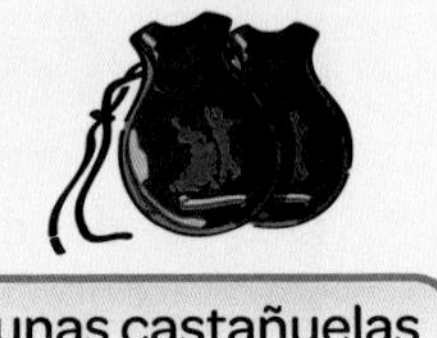

i unas castañuelas

2 **Con tu compañero/a, tira el dado tres veces. Haz seis frases.**

- ¿Qué vas a comprar?
- Quiero comprar algo para mi…
  Creo que voy a comprar… o tal vez…

	primera tirada	segunda tirada	tercera tirada
	madre		
	padre		
	madrastra		
	padrastro		
	hermano		
	hermana pequeña		

3 **Rompecabezas. ¿Qué va a comprar Alicia?**

Quiero comprar algo para mi hermano. Me gusta bastante el llavero, pero el imán es menos caro y también es bonito. La taza es preciosa, pero es más cara que el llavero. Quiero comprar la cosa más barata. Por eso, creo que voy a comprar…

4 **Escucha y comprueba tu respuesta.**

Gramática

Do you remember how to use the comparative?

más + adjective + **que** = more… than | **menos** + adjective + **que** = less… than

The adjective must agree in gender and number with the noun it describes.

El llavero es más bonit**o** que la taza.	The key ring is nicer than the cup.
La taza es menos car**a** que la camiseta.	The cup is less expensive than the T-shirt.
Los pendientes son más barat**os** que el collar.	The earrings are cheaper than the necklace.

>> p114

Escucha la canción. Completa las frases con las palabras del recuadro.

¡Buenos días, señorita! ¿Cómo está usted?
¿En qué puedo ayudarle? ¿Qué busca usted?
Quiero algo para mi hermano. ¿Un llavero o un imán?
¿Una camiseta muy **1** ——? ¿O tal vez el turrón?
El turrón es más **2** ——, pero el llavero es más **3** ——.
El imán, a ver... el imán, ¿cuánto es, señor?
Son cuatro euros.
Muy bien. Me lo llevo.

Y ahora para mi madre. ¿Qué voy a comprar? ¿Qué voy a comprar?
¿Qué sé yo? ¿Yo qué sé? ¿Qué voy a comprar?
¿Una figurita **4** ——? ¿Unos pendientes? ¿Un collar?
¿Unas castañuelas muy **5** ——? ¿Una taza para beber?
La figurita me gusta bastante.
Pero la taza es más **6** ——.
Los pendientes **7** —— son más **8** —— que el collar.
¿Qué sé yo? ¿Yo qué sé? ¿Qué voy a comprar?
¿Qué sé yo? ¿Yo qué sé? ¿Qué voy a comprar?
¿Qué va a comprar?

originales	caros
típicas	práctica
preciosa	barato
bonita	útil

Remember, there are four words for 'you' in Spanish: **tú**, **vosotros/as**, **usted** and **ustedes**. **Usted** and **ustedes** are the polite forms. **Usted** is used with the third person singular of the verb and **ustedes** with the third person plural.

Con tu compañero/a, inventa tres diálogos en una tienda de recuerdos.

- **¡Buenos días! ¿En qué puedo ayudarle? / ¿Qué busca usted?**
- Quiero algo para...
- **¿Una camiseta o tal vez...?**
- El / La / Los / Las... es / son más... que el / la / los / las..., pero me gusta(n) el / la / los / las... El / La / Los / Las... ¿cuánto es?
- **Son... euros.**
- Muy bien. Me lo / la / los / las llevo.

Lee el correo y completa las frases en inglés.

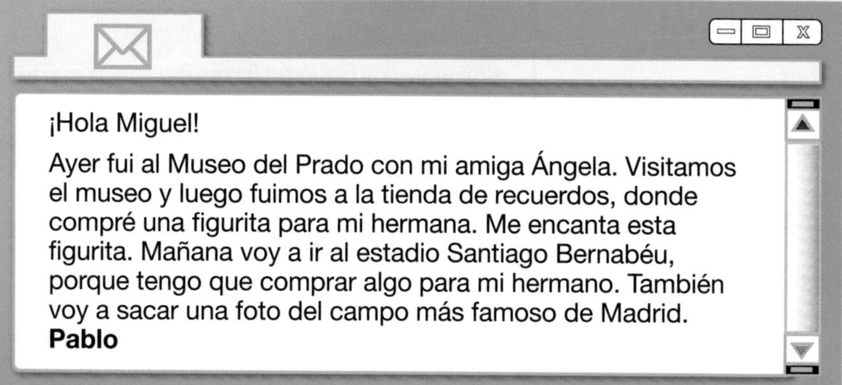
¡Hola Miguel!

Ayer fui al Museo del Prado con mi amiga Ángela. Visitamos el museo y luego fuimos a la tienda de recuerdos, donde compré una figurita para mi hermana. Me encanta esta figurita. Mañana voy a ir al estadio Santiago Bernabéu, porque tengo que comprar algo para mi hermano. También voy a sacar una foto del campo más famoso de Madrid.
Pablo

1. Yesterday, Pablo went ——.
2. In the souvenir shop, he ——.
3. Tomorrow he is going to ——...
4. ... because he has to ——.
5. He is also going to ——.

Escribe un correo a un(a) amigo/a. Utiliza el texto del ejercicio 7 como modelo.

Write:

- that you went to Retiro Park yesterday, where you took photos
- that you then took the underground and went for a walk on Gran Vía, where you bought... for...
- that you are going to... tomorrow.

¿Qué visitarás mañana?

- Saying what you will do
- Using the simple future tense

Escucha y lee el texto. Pon las fotos en el orden correcto.

¿Qué **visitarás** mañana?

Primero **iré** al parque del Retiro, donde **tomaré** el sol.

Tal vez **cogeré** el teleférico.

Luego **daré** una vuelta por el Rastro, el mercado más famoso de Madrid, o **visitaré** el Museo del Prado, donde **sacaré** fotos.

Por la tarde **haré** muchas cosas. Primero **iré** al parque de atracciones y después **compraré** recuerdos para mi familia. Más tarde **iré** a un restaurante, donde **comeré** pescado.

dar una vuelta *to go for a walk*

a 

b 

c 

d 

e 

f 

Busca los verbos en español en el texto del ejercicio 1.

1 I will go
2 I will visit
3 I will eat
4 I will do
5 I will buy
6 I will take photos
7 I will sunbathe
8 I will take the cable car

Con tu compañero/a, haz los diálogos A y B.

A

- **¿Qué visitarás mañana?**
- **Primero iré al restaurante, donde comeré...**

	A		B	
Primero	restaurante →		Retiro →	
Luego	Gran Vía →		Rastro →	
Por la tarde				
Más tarde			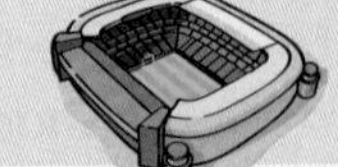 →	

Gramática

You already know the **near future** tense (I am going to...). There is another future tense: the **simple future** (I will...). To form this, take the infinitive of the verb and add these endings:

comprar	to buy
compraré	I will buy
comprarás	you will buy
comprará	he/she will buy
compraremos	we will buy
compraréis	you (pl) will buy
comprarán	they will buy

Some verbs have an irregular stem in the simple future tense: hacer → **haré**

>> p115

Empareja las mitades de las frases. Luego traduce las frases al inglés.

Ejemplo: **1** c If it is sunny...

1	Si hace sol, iré a...	**a**	veré cuadros.
2	Si hace viento, no...	**b**	cogeré el teleférico.
3	Si hace mal tiempo, no daré...	**c**	la piscina del Hotel Emperador, donde tomaré el sol.
4	Si hace buen tiempo, visitaré el...	**d**	una vuelta por el parque del Retiro.
5	Si hace frío, iré al Museo del Jamón, donde...	**e**	comeré un bocadillo de jamón.
6	Si llueve, iré al Museo del Prado, donde...	**f**	Rastro, donde compraré recuerdos.

Escucha. Copia y completa la tabla en inglés. (1–5)

	weather	activity tomorrow	reason / detail
1	bad weather	visit Santiago Bernabéu Stadium	

Con tu compañero/a, haz los diálogos.

Ejemplo:
- ● **Si hace mal tiempo, ¿qué visitarás mañana?**
- ■ **Si hace mal tiempo, iré al Museo del Prado, donde...**

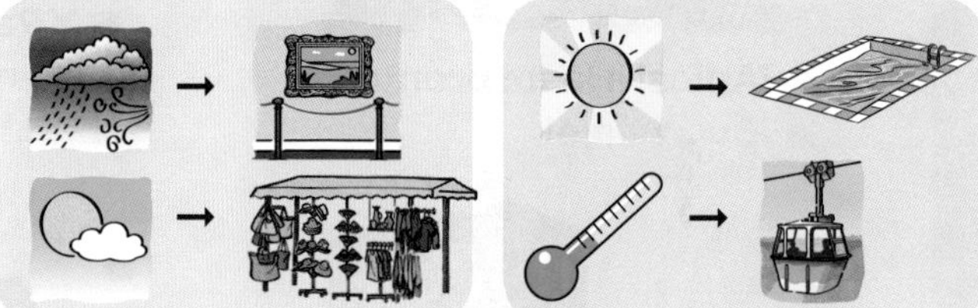

Lee el texto. Contesta a las preguntas en inglés.

Ayer en Madrid lo pasé fenomenal. El primer domingo que vas a pasar en la ciudad tienes que ir al Rastro. Yo fui por la tarde. Es uno de los mercados más antiguos de Madrid, pero también uno de los más modernos. Hay que ir. ¡Te entrarán ganas de comprar de todo! Compré unos recuerdos: un abanico para mi hermana pequeña y una gorra muy chula para mi padre. Luego tomamos tapas en un bar muy agradable.

Mañana, si hace buen tiempo, iremos al parque del Retiro, donde veremos plantas, flores y animales en los jardines botánicos y también daremos un paseo en barca por el estanque. ¡Qué aventura! Pero si hace mal tiempo, visitaré la Catedral de la Almudena, donde veremos las grandes columnas y vidrieras coloridas. Me encanta hacer turismo y ver monumentos.

Alejandra

el abanico	*fan*
el estanque	*pond*
las vidrieras	*stained glass windows*

1. What does Alejandra say about the first Sunday you spend in Madrid?
2. What two things does Alejandra say to describe the Rastro?
3. According to Alejandra, if you go to the Rastro, what will you want to do?
4. Name the two things Alejandra bought and who she bought them for.
5. What will she do tomorrow if the weather is good? (Mention two details.)
6. What will she do if the weather is bad?

Solamente tienes 24 horas para conocer Madrid. ¿Qué visitarás por la mañana, por la tarde y por la noche? Escribe un texto.

You only have 24 hours to get to know Madrid. What will you visit in the morning, in the afternoon and in the evening? Write a text.

- Adapt phrases you have already learned. Look up new words in a dictionary.
- Link your sentences and paragraphs with connectives and time expressions.
- Include opinions and exclamations.
- Check what you have written for accuracy and redraft if necessary.

Lo siento, no entiendo

- Making yourself understood
- Saying the right thing in different situations

SPEAKING SKILLS

SKILLS

'Survival' strategies

You need to have a range of strategies to help you communicate in Spanish. Make sure you know the Spanish for 'I don't understand' and 'What does this mean?' and have techniques for coping when you don't know the right word. It is also important to know what to say in different social situations (for example, at mealtimes or when someone is ill).

1 ESCUCHAR **Escucha y lee. ¿Qué significan las frases en verde? Utiliza el minidiccionario si es necesario. (1–6)**

1

- ¡Adiós! ¡Hasta pronto!
- ■ ¡Buen viaje!

2

- Y Rafa Nadal ha ganado. ¡Fenomenal!
- ■ ¡Enhorabuena, Rafa!

3

- ¡Aaaaaachís!
- ■ ¡Jesús!

4

- ¡Aaaay! No me siento bien...
- ■ ¡Mejórate pronto!

5

- ¡Qué bien! Tengo hambre.
- ■ ¡Que aproveche!

6

- ¡Es la primera vez que voy a saltar en paracaídas!
- ■ ¡Buena suerte!

2 HABLAR **Juego de memoria. Con tu compañero/a, lee por turnos una frase en negro del ejercicio 1. Sin mirar, ¿qué vas a contestar?**

Memory game. With your partner, take it in turns to read a sentence in black from exercise 1. Without looking, what are you going to reply?

3 LEER **Empareja las frases en inglés con el equivalente en español.**

1	I'm sorry, I don't understand the word '...'.	**a**	¿Cómo se dice '...' en español?
2	What does the word '...' mean?	**b**	Lo siento, no entiendo la palabra '...'.
3	How do you say '...' in Spanish?	**c**	¿Puedes hablar más despacio, por favor?
4	Can you repeat?	**d**	¿Puedes repetir?
5	Can you speak more slowly, please?	**e**	¿Qué significa la palabra '...'?

4 HABLAR **Con tu compañero/a, lee por turnos las frases en español del ejercicio 3 en voz alta.**

5 ESCUCHAR **Escucha y comprueba tu pronunciación y entonación. (1–5)**

Use your knowledge of phonics to work out pronunciation. Make sure you are using the correct intonation to make questions sound like questions.

Estás en casa de Serena. Escucha la conversación. ¿Qué vas a decir en las pausas?

You are in Serena's home. Listen to the conversation. What are you going to say in the pauses?

SKILLS

Non-verbal communication

You can also use non-verbal ways of getting your meaning across. You can:

- **Mime**
- **Point**
- **Draw**
- **Use facial expressions and act**

Con tu compañero/a, imagina que eres la persona del dibujo. ¿Qué vas a hacer? ¿Qué vas a decir? Por turnos, lee las frases y responde.

Ejemplo: **1** ■ Quiero esto.

1

● **Buenos días. ¿En qué puedo ayudarle?**

■

● **Muy bien.**

2

■ ¿Necesitas algo?

●

■ Vale, ahora entiendo.

3

● **¿Qué te pasa?**

■

● **Está bien, te voy a ayudar.**

4

■ ¿Qué te pasa?

●

■ Ah sí, ahora entiendo.

Con tu compañero/a, inventa un diálogo divertido para esta tira cómica.

With your partner, invent a funny dialogue for this comic strip.

Ejemplo: **1**

● **Buenos días, señor.**

■ ¡Aaaaaachís!

● ...

En la tienda de recuerdos

De paseo por Madrid

- Reading authentic texts about Madrid
- Accessing more challenging texts

Lee el texto. Pon la traducción del texto en el orden correcto.

De compras por el Rastro de Madrid

El Rastro de Madrid es un mercado al aire libre situado en pleno casco histórico que se organiza oficialmente todos los domingos por la mañana y los días festivos de la capital. Consiste en una multitud de puestos de ocasión en los que se puede encontrar de todo: camisetas, bolsos, libros, discos, aparatos electrónicos, zapatos. Los turistas que van paseando por Madrid encuentran el Rastro como algo insólito, donde pueden encontrar grandes y pequeñas cosas a un menor precio y también disfrutar de un ambiente diverso y cosmopolita como es el que se da en este mercado.

a ...T-shirts, handbags, books, records, electrical appliances, shoes.
b ... big and small things at a low price and also enjoy the diverse and cosmopolitan atmosphere that is found in this market.
c It consists of a huge number of second-hand stalls where you can find everything:...
d The Rastro in Madrid is an outdoor market situated in the heart of the historic city centre...
e Tourists walking around Madrid find the Rastro quite unusual, in which they can find...
f ... which officially takes place every Sunday morning and on public holidays in the capital.

Lee el texto. ¿Verdadero o falso? Escribe V o F.

Abismo es la montaña rusa más espectacular de última generación, única en el mundo en su género. Los visitantes más atrevidos del Parque de Atracciones de Madrid tendrán ocasión de generar una gran cantidad de adrenalina cuando se precipiten hacia el abismo desde el punto más alto, 49 metros de altura, a una velocidad de 100 km/h…

1 *Abismo* es una atracción del Parque de Atracciones de Madrid.
2 Es la montaña rusa menos original del mundo.
3 Si montas en esta atracción, no generarás mucha adrenalina.
4 El punto más elevado de *Abismo* tiene 49 metros de altura.
5 Irás a una velocidad de 100 km/h.

SKILLS

Selecting essential vocabulary

Don't stop to look up every word you don't know in a dictionary. Ask yourself: do I need to know what this word means to answer the question? If you do, look it up. If not, move on.

SKILLS

Understanding texts – step by step

Always start by reading for gist, not detail. Skim through the text using clues, such as cognates, pictures and the questions you are asked, to get a general idea of what the text is about. Then re-read the text for detail. Try to work out the meaning from context and by using logic.

3 Lee el texto. Pon los títulos en el orden del texto.

Madrid, la capital de España, es una ciudad cosmopolita que combina las infraestructuras más modernas con un inmenso patrimonio cultural y artístico.

Situada en el centro geográfico de la península Ibérica, Madrid conserva uno de los cascos históricos más importantes entre las grandes ciudades europeas. El centro histórico, conocido también como *Madrid de los Austrias*, y la impresionante plaza Mayor, uno de los rincones más populares y típicos de España, muestran el esplendor de la ciudad durante los siglos XVI y XVII.

La capital cuenta con más de 60 museos: el Museo del Prado, el Museo Thyssen-Bornemisza y el Centro Nacional de Arte Reina Sofía, dedicado al arte español contemporáneo, con obras de Picasso, Joan Miró, Salvador Dalí y Juan Gris.

Bellos parques y jardines permiten disfrutar del sol o pasear por una de las capitales más verdes de Europa.

Pero si hay algo que caracteriza a Madrid es una pasión por la vida que se refleja en el carácter amistoso de su gente.

La vida nocturna madrileña es también un importante atractivo de la capital de España por la variedad de sus bares, pubs y discotecas.

a The capital is full of museums!

b The nightlife is an attraction

c A passion for life that is reflected in the friendly character of its people

d Many green spaces

e Right in the middle of the Iberian Peninsula!

f A cosmopolitan city rich in culture

4 Busca las frases en español en el texto del ejercicio 3.

1. Madrid, the capital of Spain, is a cosmopolitan city
2. one of the most important historic city centres
3. one of the most popular and typical corners of Spain
4. show the splendour of the city in the 16th and 17th centuries
5. one of the greenest capitals in Europe
6. an important attraction of the capital of Spain

5 Lee el texto del ejercicio 3 otra vez. Elige la respuesta correcta.

1. Madrid es una ciudad moderna / histórica / moderna e histórica.
2. El centro histórico también se llama Madrid del siglo XVI / Madrid de los Austrias / Madrid de la península Ibérica.
3. En Madrid hay más de sesenta museos / menos de sesenta museos / más de setenta museos.
4. En el artículo se dice que los madrileños son simpáticos / tímidos / maleducados.
5. La vida nocturna madrileña es monótona / variada / aburrida.

- meet and greet people — **Esta es mi madre. Encantado/a.**
- ask for or say what I want to do — **¿Puedo ducharme? Quiero beber algo.**
- use expressions with **tener** — **Tengo hambre. ¿Tienes sed?**

- talk about a treasure hunt — **Vamos a hacer una caza del tesoro.**
- say what I/you/we have to do — **Hay que ir al estadio. Tenemos que sacar fotos.**
- use the superlative — **el parque más grande de la ciudad, la tienda más famosa de Madrid**

- say who I want to buy a souvenir for — **Quiero comprar algo para mi madre.**
- discuss what I am going to buy — **Voy a comprar un imán o tal vez un collar.**
- use shopping language — **¿Cuánto es? / Me lo llevo.**
- recognise the polite form of address — **¿Qué busca(n) usted(es)?**
- use the comparative — **La taza es más cara que el llavero.**

- say what I will do in Madrid — **Iré al parque del Retiro, donde tomaré el sol.**
- say what I will do depending on the weather — **Si llueve, compraré recuerdos.**
- use the simple future tense — **Cogeré el teleférico. Sacaré fotos.**

- **S** say the right thing in different social situations
- **S** cope in a conversation by:
  - asking someone to repeat, explain, etc.
  - using non-verbal ways to get my meaning across (mime, pointing, drawing, acting)

- **S** access more challenging texts by:
  - not stopping to look up every word I do not know
  - only looking up words I need to understand to do the task
  - skimming through a text first before re-reading it for detail

David visita la casa de Raúl. Escucha y elige la respuesta correcta.

1 Raúl's brother is called Felipe / Alberto / Luis.
2 Raúl's stepmother offers David squid / an omelette / cheese.
3 David wants to eat a sandwich / ate a sandwich earlier / doesn't like sandwiches.
4 David wants to sleep / phone his parents / watch TV.
5 Tomorrow David is going to buy a present / go to the park / take the cable car.

Con tu compañero/a, haz diálogos.

Ejemplo: **A**

● **Si hace buen tiempo, ¿qué visitarás mañana?**

■ **Si hace buen tiempo, iré a la piscina, donde... Si llueve, ...**

A

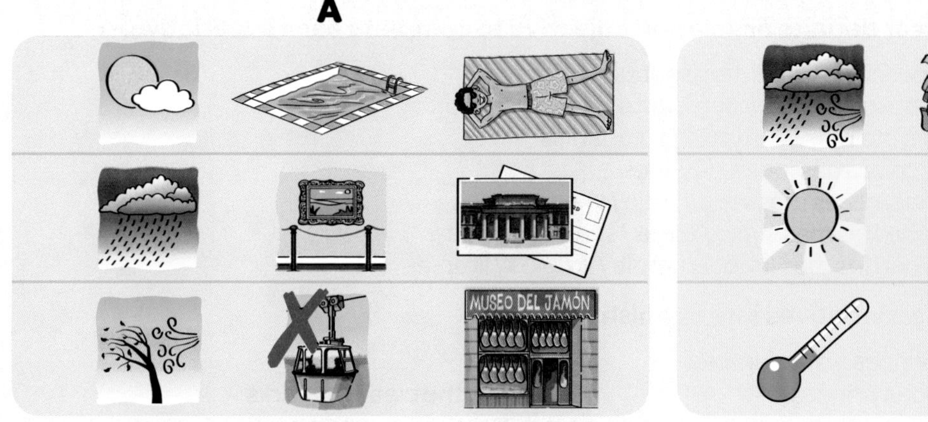

B

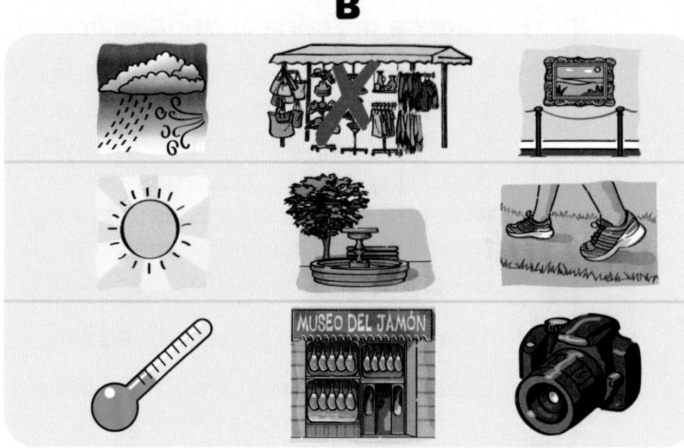

Lee la entrada de blog. Contesta a las preguntas en inglés.

Ayer decidí hacer una caza del tesoro en Madrid con mi amigo Antonio y lo pasamos guay. Primero fuimos a una churrería, donde comimos los churros más ricos del mundo. Luego fuimos al estadio Santiago Bernabéu, donde compré una camiseta para mi padrastro. Tengo que comprar algo para mis hermanas también. Creo que voy a comprar unos pendientes o tal vez unas castañuelas.
En el estadio saqué unas fotos del campo más famoso de Madrid. Me encantó. Finalmente cogimos el metro y fuimos al mercado de San Miguel, donde compramos jamón. Mañana, si hace buen tiempo, daré una vuelta por el Retiro, donde sacaré fotos de los monumentos impresionantes. Pero si hace frío, iré al Museo del Prado, donde veré unos de los cuadros más famosos de España. ¡Me encanta hacer turismo y me chifla Madrid!
Sofía

1 What did Sofía decide to do yesterday?
2 What did they eat?
3 What present has she already bought?
4 What did she take photos of?
5 What is the last thing they did yesterday?
6 What is she going to do if it's cold tomorrow?

Escribe una entrada de blog.

- Say you are spending a week with your Spanish friend.
- Say you went on a treasure hunt and when you did this.
- Mention three places that you went to and what you did at each place.
- Mention at least two things you will do tomorrow.
- Link your sentences and paragraphs.
- Remember to give opinions and points of view.

¡GRAMÁTICA!

The superlative

You use the superlative to talk about 'the (old)-est' or 'the most (famous)'. It is made up of four parts:

el / la / los / las + noun + **más** + adjective

Remember to make the adjective agree with the noun it describes:

el estadio **más** famos**o**	the most famous stadium
la churrería **más** antigu**a**	the oldest churros shop
los monumentos **más** famos**os**	the most famous monuments
las ciudades **más** grand**es**	the biggest cities

1 Choose the correct definite article and adjective to complete each superlative.

Example: **1** las películas más interesantes

1 el / la / los / las películas más interesante / interesantes
2 el / la / los / las dieta más saludable / saludables
3 el / la / los / las chico más joven / jóvenes
4 el / la / los / las hombres más viejo / vieja / viejos / viejas
5 el / la / los / las ciudad más sucio / sucia / sucios / sucias
6 el / la / los / las barrios más limpio / limpia / limpios / limpias

2 Translate these superlatives into Spanish.

Example: **1** la princesa más famosa

1 the most famous princess
2 the most ferocious lion
3 the most spectacular cable car
4 the cleanest parks
5 the youngest seal
6 the biggest shops

The comparative

You use the comparative to compare two nouns.

más	+	adjective	+	**que**	=	more... than / ...er than
menos	+	adjective	+	**que**	=	less... than

The adjective must agree with the noun it describes.

La taza es **más** car**a** **que** el imán.	The cup is more expensive than the magnet.
El llavero es **menos** barat**o** **que** la camiseta.	The key ring is less cheap than the T-shirt.
Los pendientes son **más** fe**os** **que** el collar.	The earrings are uglier than the necklace.
Las camisetas son **más** bonit**as** **que** los llaveros.	The T-shirts are nicer than the key rings.

3 Write out these sentences in Spanish. Make the adjective agree with the first noun.

Example: **1** El imán es más bonito que el llavero.

\+ más - menos

1  + bonito

2  - caro

3 - grande

4 + barato 

5 + famoso

6 - inteligente 

The future tense

To talk about the future, you can use:

- **the near future tense** (I am going to...) = **ir** + **a** + the infinitive
- **the simple future tense** (I will...)

To form the simple future tense, take the infinitive of the verb and add these endings:

comer	to eat
comer**é**	I will eat
comer**ás**	you will eat
comer**á**	he/she will eat
comer**emos**	we will eat
comer**éis**	you (plural) will eat
comer**án**	they will eat

Some verbs have an irregular future stem:

hacer → **har**é

4 **Write out the parts of the verbs hablar and ir in the future tense.**

Example: hablaré, ...

5 **Choose the correct verb form to complete each sentence. Then translate the sentences into English.**

Example: **1** Primero yo <u>iré</u> al parque del Retiro. First I will go to Retiro Park.

1. Primero yo irá / iré al parque del Retiro.
2. Luego mi hermano y yo daremos / darás una vuelta por el Rastro.
3. ¿Qué compraréis / compraré para vuestros padres, Cameron y Carmen?
4. Por la tarde mi hermano tomarán / tomará el sol.
5. Mis hermanas haremos / harán una caza del tesoro.
6. ¿Qué visitarás / visitaré mañana, Nuria?

6 **Complete the text with the verbs in brackets in the future tense.**

Esta noche mi amigo Andrés **1** ___ (llegar, *he*). Andrés **2** ___ (pasar, *he*) una semana con nosotros. Primero le **3** ___ (presentar, *I*) a mi familia y luego **4** ___ (comer, *we*) algo. Mañana Andrés y yo **5** ___ (visitar, *we*) la ciudad y **6** ___ (hacer, *we*) muchas cosas. Si hace sol, Andrés y mi hermano **7** ___ (ir, *they*) a la piscina, pero si hace frío, Andrés **8** ___ (coger, *he*) el teleférico y **9** ___ (sacar, *he*) fotos. ¡**10** ___ (Ser, *it*) divertido!

Using three tenses together

You can show off your knowledge of verbs by using three tenses together.

ayer + preterite **si** + present tense **mañana** + near future tense / simple future tense

Ayer fui al Museo Reina Sofía. Si llueve, mañana voy a ir al Museo del Prado y sacaré muchas fotos.

7 **Translate the following sentences into Spanish.**

Yesterday we went to the Rastro and then we ate in a restaurant. If the weather is nice, tomorrow we are going to go to the theme park and we will go on lots of rides.

Te presento a… Let me introduce you to…

Este / Esta es mi padre / madre.	This is my father / mother.
Estos / Estas son mis hermanos / hermanas.	These are my brothers / sisters.
Encantado/a. / ¡Mucho gusto!	Pleased to meet you!
¿Qué tal fue el viaje?	How was the journey?
¿Tienes hambre / sed / sueño?	Are you hungry / thirsty / sleepy?
(No) Tengo hambre / sed / sueño.	I am (not) hungry / thirsty / sleepy.
Quiero…	I want to…
¿Puedo…?	Can I…?
acostarme	go to bed
ducharme	have a shower
mandar un SMS	send a text
ver la tele (un ratito)	watch television (for a little while)
¿Quieres…?	Do you want to…?
beber / comer algo	drink / eat something
acostarte	go to bed
ducharte	have a shower

Una aventura en Madrid An adventure in Madrid

¿Qué vamos a hacer?	What are we going to do?
Vamos a hacer una caza del tesoro.	We are going to go on a treasure hunt.
Hay que…	You/We have to…
Tenemos que…	We have to…
buscar un perro	find a dog
coger el teleférico	take the cable car
comer churros	eat churros
comprar una postal	buy a postcard
dibujar (el león)	draw (the lion)
guardar la entrada	keep the ticket
ir a la churrería	go to the churros shop
ir al estadio Santiago Bernabéu	Santiago Bernabéu Stadium
ir al parque del Retiro	go to Retiro Park
sacar fotos	take photos
ver un cuadro	see a painting
¡Lo vamos a pasar guay!	We are going to have a brilliant time!
Vamos a visitar / ver…	We are going to visit / see…
el parque más grande de la ciudad	the biggest park in the city
la tienda más famosa de Madrid	the most famous shop in Madrid
los museos más espectaculares	the most spectacular museums
las tiendas más antiguas	the oldest shops

En la tienda de recuerdos In the souvenir shop

¿Qué vas a comprar?	What are you going to buy?
Quiero (comprar) algo para mi madre / hermano.	I want (to buy) something for my mother / brother.
Voy a comprar…	I am going to buy…
un collar / un imán / un llavero	a necklace / a magnet / a key ring
una camiseta / una figurita / una taza	a T-shirt / a figurine / a cup
unos pendientes	earrings
unas castañuelas	castanets
el turrón	nougat
El imán es más barato que la taza.	The magnet is cheaper than the cup.
La camiseta es menos cara que el turrón.	The T-shirt is less expensive than the nougat.
Los pendientes son más bonitos que el collar.	The earrings are nicer than the necklace.
Las castañuelas son menos prácticas que el llavero.	The castanets are less practical than the key ring.
¿En qué puedo ayudarle?	How can I help you? (polite form)
¿Qué busca(n) usted(es)?	What are you looking for? (polite form)
¿Cuánto es?	How much is it?
Son… euros.	It is… euros.
Me lo / la / los / las llevo.	I'll take it / them.

¿Qué visitarás mañana? What will you visit tomorrow?

Cogeré el teleférico.	I will take the cable car.	**Sacaré fotos.**	I will take photos.
Comeré pescado.	I will eat fish.	**Tomaré el sol.**	I will sunbathe.
Compraré recuerdos.	I will buy souvenirs.	**Visitaré el Museo (del Jamón / Prado).**	I will visit the (Ham / Prado) Museum.
Daré una vuelta (por el Rastro).	I will go for a walk (around the Rastro).	**Si…**	If…
Haré muchas cosas.	I will do lots of things.	**hace buen / mal tiempo**	it's good / bad weather
Iré al parque de atracciones.	I will go to the theme park.	**hace frío / sol / viento**	it's cold / sunny / windy
Iré a un restaurante.	I will go to a restaurant.	**llueve**	it's raining

Palabras muy frecuentes High-frequency words

primero	first	**si**	if
luego	then	**este/esta / estos/estas**	this / these
después	afterwards	**algo**	something
más tarde	later	**más**	more
finalmente	finally	**menos**	less
(o) tal vez	(or) perhaps	**para**	for
donde	where	**usted(es)**	you (pl) (polite form)

Estrategia 5
Collecting phrases

Try to make your Spanish 'super-Spanish': collect phrases that will help you to sound authentic.

- When people speak, they play for time.

A ver…	Let's see…
Bueno / Pues…	Well…

- Making comments is a good way of having a more interesting conversation.

¡Qué aburrido!	How boring!
¡Qué aventura!	What an adventure!
¡Qué bien!	Great!
¡Qué bonito!	How beautiful!
¡Qué guay!	How cool!
¡Qué rico!	How delicious!
¡Qué suerte!	How lucky!

Try to learn a new useful phrase each week.

Una caza del tesoro virtual

- Creating a virtual treasure hunt
- Using question forms

Empareja las mitades de las preguntas. Traduce las preguntas al inglés.

1	¿Qué se	**a**	animales hay en la plaza?
2	¿Dónde está	**b**	fue el fundador de la Alhambra?
3	¿Cuántos	**c**	llama este monumento?
4	¿Quién	**d**	puede hacer en Granada?
5	¿Cómo se	**e**	es el símbolo de la ciudad?
6	¿Cuál	**f**	el palacio?

Escucha y comprueba tus respuestas. (1–6)

Mira el mapa y las fotos de Granada. Contesta a las preguntas en español.

1. ¿Qué se puede comprar en la plaza de Bib-Rambla?
2. ¿Cómo se llaman los baños árabes?
3. En el monumento a Isabel la Católica, ¿quién está delante de la reina?
4. ¿Dónde se pueden ver leones?
5. ¿Dónde se pueden ver las casas-cueva granadinas?
6. ¿Dónde se pueden ver cuadros?

la reina	*queen*
la cueva	*cave*

Map data ©2014 Google, basado en BCN IGN España

Traduce las preguntas al español.

1 What can you see in Granada?
2 Where is the Alhambra Museum?
3 What is the market called?
4 Who was the architect of Granada Cathedral?
5 What can you buy in Larga square?

Traduce las instrucciones al inglés.

a Hay que buscar...
b Vamos a descubrir...
c Tienes que describir...
d Hay que dibujar...
e Vamos a estudiar...
f Visitaremos...

Escucha y pon las frases del ejercicio 5 en el orden correcto.

Con tu compañero/a, crea tu propia caza del tesoro virtual.

Valencia | la Ciudad de México | Buenos Aires

1 Choose a city.
2 Find a map of the city and start your research.
3 Decide on the locations of your treasure hunt and think about the questions that you could ask about them.
4 Now create the questions and instructions for your treasure hunt:
   - First, set the scene: tell the players that they are going to do a virtual treasure hunt in your chosen city. **(Vais a hacer una caza del tesoro virtual en...)**
   - Choose at least six places and write a question about each of them. **(¿Dónde se puede ver...?)**
   - Allocate points to award for each question.
   - Write instructions telling the players what they need to do at each location. **(Hay que buscar / dibujar / descubrir...)**
5 Set a time limit, if you like.
6 Check that your information is correct and that your Spanish is accurate.

Intercambia tu caza del tesoro con otra pareja y haz su caza del tesoro.
Swap your treasure hunt with another pair and do their treasure hunt.

Lee los textos. Para cada persona, escribe las letras de las actividades correctas. Indica la opinión y escribe la frecuencia en inglés.

Ejemplo: **Santi:** d, 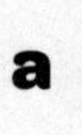, every day

Me molan los cómics, así que voy a la biblioteca todos los días después del insti. Hay un club de cómics y es guay. También me chifla el dibujo (dibujo todo el tiempo), pero no me gustan nada las artes marciales.
Santi

Me chiflan los animales. Voy al refugio de animales dos veces a la semana y tengo muy buenos amigos allí. Mi animal favorito es un gatito que se llama Pepe. También me mola la natación. Voy a la piscina muy a menudo y soy miembro de un club. Pero no me gustan nada las tareas domésticas…
Victoria

a  **b**  **c** 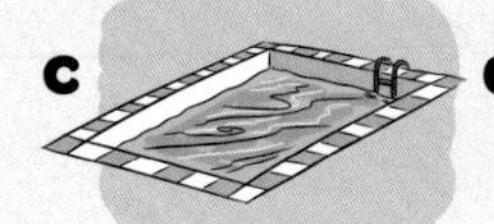 **d**  **e**  **f** 

¿Qué van a decir? Escribe dos textos. Utiliza los textos del ejercicio 1 como modelo.

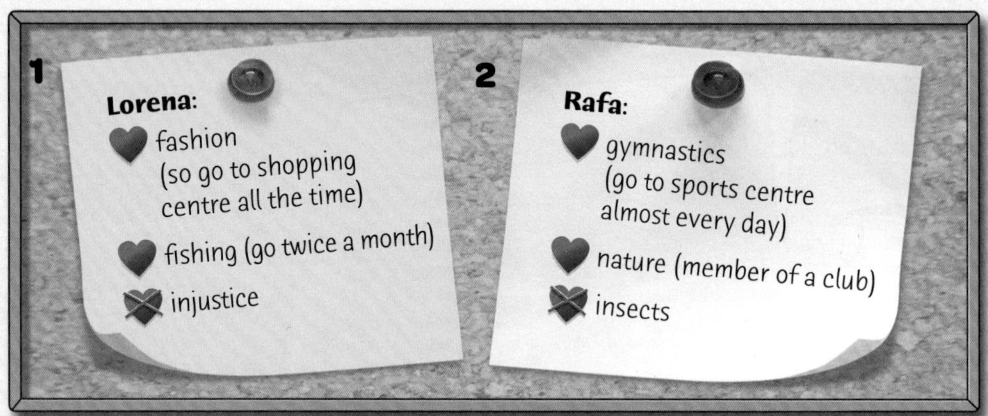

Empareja las mitades de las frases. Traduce las frases al inglés. Utiliza el minidiccionario si es necesario.

Ejemplo: **1** b I love action films.

1	Me encantan las...	**a**	las películas de fantasía.
2	También me chiflan...	**b**	películas de acción.
3	Mi película favorita es *Piratas del Caribe* y mi...	**c**	voy a comer palomitas, por supuesto.
4	Mañana por la tarde, voy a...	**d**	actor favorito es Johnny Depp porque es fenomenal.
5	Va a ser muy divertido y...	**e**	ver *Alicia en el País de las Maravillas* en el cine.

¿Qué tipo de películas te gustan? ¿Qué vas a ver? Adapta las frases del ejercicio 3.

Lee el texto y completa las frases en inglés.

Anahí, la cantante mexicana, celebra hoy su cumpleaños.

Anahí nació en la Ciudad de México el 14 de mayo de 1983. Desde muy pequeña comenzó a trabajar en la televisión mexicana.

Sus mejores momentos:

- A la edad de dos años empezó su carrera en el programa *Chiquilladas*.
- En 2005 su grupo musical visitó varios países de Latinoamérica y Europa.
- En 2012 se unió a la Fundación Non-Violence como nuevo miembro.
- Hoy es una de las figuras mexicanas con más seguidores en la red social Twitter.

Today, Anahí is celebrating **1** ___. She was born in Mexico City on **2** ___. At the age of **3** ___ she began her television career. In 2005 her band visited various **4** ___ in **5** ___ and in **6** ___. In 2012 she joined the Non-Violence Foundation as a **7** ___. Today, she is one of the Mexican stars with the most **8** ___ on **9** ___.

Lee el texto. ¿Verdadero o falso? Escribe V o F. Luego corrige los errores.

Me llamo Bea y soy skater. Me chifla montar en monopatín. Es mi mundo. El trece de junio cumplí catorce años y celebré mi cumpleaños con mis amigas. Me molan mis amigas porque son muy divertidas. Paso mucho tiempo con ellas.

Fuimos a un skatepark, donde participamos en una aventura de skate durante tres horas. Fue increíble. Primero hicimos muchas actividades y juegos en monopatín. Luego comí patatas fritas y bebí un refresco. Después comimos un trozo de tarta de cumpleaños. También recibí muchos regalos. Mi mejor amiga me regaló una camiseta skate que me encantó. Estuve con mis amigas y por eso ¡lo pasé super guay!

El año que viene, para celebrar mi cumpleaños, voy a hacer diferentes actividades deportivas durante todo el día.

1. Bea tiene catorce años y le mola el monopatín.
2. Celebró su cumpleaños con su familia.
3. Fueron a una pista de pelota vasca.
4. Bea comió patatas fritas y tarta de cumpleaños. Bebió un refresco.
5. Su mejor amiga le regaló una camiseta.
6. El año que viene va a ir a un parque de atracciones.

¿Qué tal fue tu cumpleaños? Escribe un texto. Utiliza el texto del ejercicio 2 como modelo.

Write:

- what your name is, when you celebrated your birthday and who with
- you went to a museum and saw many things
- you went to a restaurant afterwards
- you ate birthday cake and ice cream and received lots of presents
- your opinion of what you did
- what you are going to do next year for your birthday.

Escribe las frases y luego tradúcelas al inglés.

1 Soy muy ambicioso. Quiero ser cantante. En el futuro voy a ser famoso y voy a vivir en el extranjero. Va a ser flipante.

2 Soy bastante seria, y por eso quiero ser periodista. En el futuro voy a ir a la universidad y luego voy a hacer un trabajo interesante. Va a ser fenomenal.

Escribe <u>dos</u> textos. Utiliza los textos del ejercicio 1 como modelo.

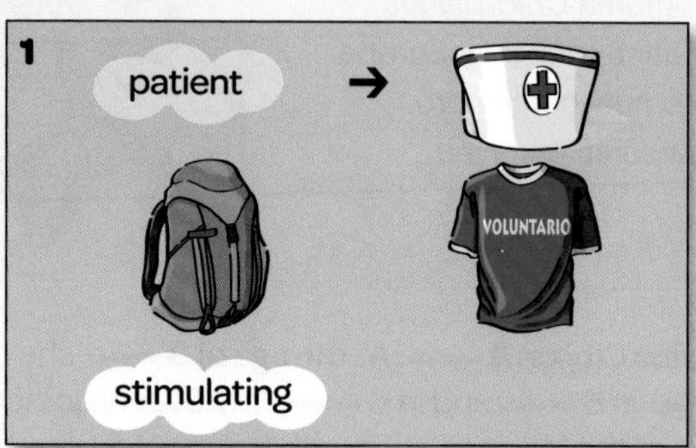

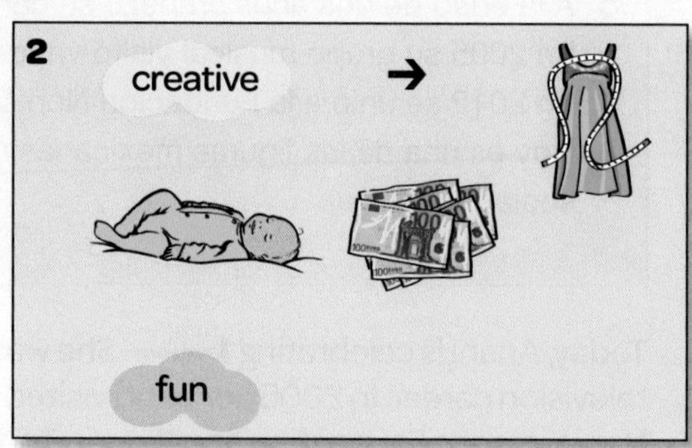

Empareja las preguntas con las respuestas.

Arturo

1 ¿En qué trabajas?
2 ¿Por qué decidiste ser mecánico?
3 ¿En qué consiste tu trabajo?
4 ¿Qué cualidades tiene que tener un mecánico?
5 ¿Los idiomas son importantes en tu trabajo?

a Tengo que reparar coches y motos.
b Por supuesto. Hablo español y francés. Tengo que hablar muy a menudo con clientes que hablan otros idiomas. Además, con un segundo idioma es más fácil encontrar trabajo.
c Me chiflan los motores y por eso decidí ser mecánico. Fui a una escuela de automoción, donde estudié la reparación y el mantenimiento de vehículos automóviles y me encantó. A los veinticinco años cumplí mi sueño de ser mecánico.
d Tienes que ser muy práctico, trabajador y responsable.
e Soy mecánico. Me encanta porque es estimulante y no es monótono.

Lee el texto del ejercicio 3 otra vez. ¿Verdadero o falso? Escribe V o F.

1 A Arturo le flipan los motores.
2 Arturo estudió cómo reparar vehículos en una escuela de automoción.
3 Le gusta ser mecánico, pero el trabajo es un poco monótono.
4 Arturo nunca habla con clientes que hablan otros idiomas.
5 Tiene que reparar aviones.

1 LEER **Lee el texto y completa las frases en inglés. Utiliza el minidiccionario si es necesario.**

Veterinario

El médico de los animales

Tu perfil

Es evidente que, si quieres ser veterinario, tienen que gustarte los animales y no se debe tener miedo a la sangre. Tienes que ser una persona observadora, metódica, cuidadosa y segura. Tienes que tener capacidad de memorización y facilidad de comunicación.

If you want to be a vet, you have to **1** ___ . And you must not be **2** ___ . You have to be **3** ___ .
You have to be capable of **4** ___ information and have good **5** ___ skills.

2 LEER **Lee los textos. Copia y completa la tabla.**

	pasado	presente	futuro
Catalina		a, …	
Álvaro			

Me llamo Catalina y en este momento trabajo en una agencia de viajes. Soy guía turística y tengo que diseñar y organizar visitas, y a veces también tengo que salir con grupos. Estudié turismo y me encantó. Aprendí a hablar inglés y alemán, y ahora puedo hablar con turistas de distintas nacionalidades. Me gusta mi trabajo porque me gusta conocer a gente nueva. Sin embargo, quiero ser cocinera porque me chifla la cocina. Me gustaría estudiar en una escuela de catering. Voy a abrir un restaurante. Va a ser mucho más estimulante.

aprendí *I learned*

Me llamo Álvaro. Soy peluquero y tengo que cortar el pelo a los clientes. Estudié peluquería en una escuela y a los veintidós años empecé a trabajar en un salón de belleza en un hospital. Luego trabajé en un crucero, y ahora trabajo en un hotel. No me gusta nada mi trabajo. Es repetitivo y además, mi jefe es muy antipático. Me encanta el deporte y por eso en el futuro quiero ser entrenador de un equipo de fútbol. Quiero viajar más. Voy a trabajar en Europa con un equipo interesante. ¡Va a ser muy divertido!

a

b

c
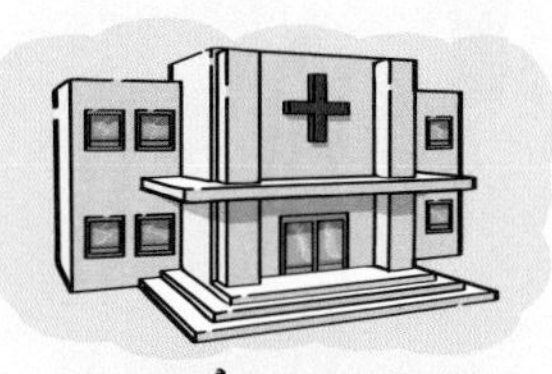

d

e
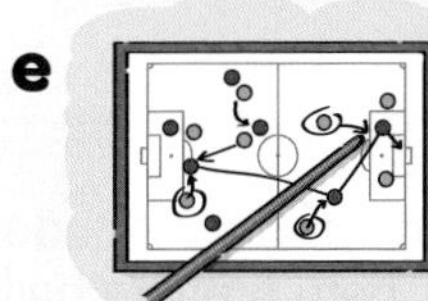

f

g

h

3 ESCRIBIR **Escribe un texto. Utiliza los textos del ejercicio 2 como modelo. Inventa detalles.**

Include:

- where you work **(Trabajo en...)**
- what you work as and what you have to do **(Soy... Tengo que...)**
- how you studied to do this job **(Fui a... / Estudié... Aprendí a...)**
- your opinion of your job **(Me gusta / No me gusta nada... porque...)**
- what you would like to do instead and why **(Quiero ser... porque soy... Me chifla(n)...)**
- what you are going to do in the future **(En el futuro voy a... Me gustaría...)**.

¿Qué consejos no siguen Joaquín y Ariana? Escribe las dos letras correctas para cada uno.

1 Duermo seis horas por lo general. Me acuesto a las dos de la mañana, y me despierto a las ocho. Normalmente me levanto enseguida, pero ayer me quedé en la cama, donde leí hasta las once. No me gusta nada el deporte, así que nunca voy al polideportivo y nunca hago footing.

Joaquín

2 No me gusta nada la fruta. No la como mucho. No me gustan nada las verduras, ¡puaj!, y por eso nunca las como, pero me encantan la limonada y la cola. Las bebo todos los días. Ayer, por ejemplo, desayuné limonada y por la tarde bebí dos botellas de cola. ¡Qué ricas!

Ariana

- **a** Se debe comer más fruta y verduras.
- **b** Se debe entrenar una hora al día.
- **c** No se debe fumar.
- **d** Se debe dormir ocho horas al día.
- **e** No se debe beber muchos refrescos.
- **f** No se debe comer comida basura.

¿Qué dicen los jóvenes? Escribe un texto para cada persona. Utiliza los textos del ejercicio 1 como modelo.

1 **Tomás**

2 **Julieta**

una hora al día

2x a la semana

muy a menudo

Ayer

Lee el texto y completa las frases en inglés.

Me llamo Lucas y vivo en Buenos Aires, en Argentina. Creo que estoy en forma. Voy muy a menudo al polideportivo, donde tengo clases de baile. También hago escalada con mi padre, pero prefiero bailar. Pienso que llevo una dieta bastante saludable por lo general. En Argentina comemos mucha carne. La como dos o tres veces a la semana. También comemos pizza argentina y empanadas. Ayer fui a una cafetería con mis amigos y comimos alfajores (que son unas galletas argentinas) y churros. A ver… tal vez mi dieta no es tan sana. A partir de ahora voy a comer más fruta y menos galletas. Además, voy a beber agua frecuentemente.

Lucas thinks he is **1** ——. He often goes to the sports centre, where he **2** ——. In Argentina they eat a lot of **3** ——. Lucas eats it **4** ——. Yesterday he **5** —— with **6** —— and they ate **7** ——. From now on, he **8** ——. Moreover, he **9** ——.

Copia y completa el texto con los verbos del recuadro.

pasamos
jugar me duelen
desayuno participé
me despierto Me ducho
voy a llevar
Juego Es

Ejemplo: **1** me despierto

Los fines de semana **1** —— muy temprano, pero me levanto a las nueve. **2** —— y luego **3** —— cereales. Para estar en forma, me encanta **4** —— al paintball. Es guay. **5** —— al paintball una vez a la semana. **6** —— mi deporte preferido. El fin de semana pasado **7** —— en un torneo con mis amigos. Lo **8** —— fenomenal, pero ahora **9** —— los brazos y estoy cansado. La próxima vez **10** —— una chaqueta grande para proteger los brazos.

Imagina que eres Sofía. Escribe un texto. Utiliza el texto del ejercicio 1 como modelo.

Ejemplo: Los fines de semana me despierto...

Lee el texto y contesta a las preguntas en inglés. Utiliza el minidiccionario si es necesario.

Alimentarse como campeones

Como los coches de carreras, el cuerpo de un deportista necesita el mejor combustible para estar en plena forma.

Una hora antes del partido

Bebe agua de vez en cuando para mantenerte hidratado. Toma un plátano o frutos secos, por ejemplo avellanas o nueces. No se debe comer caramelos.

Durante el partido

Si el partido dura más de una hora, aprovecha las pausas para reponer tu energía con azúcares rápidos: toma medio plátano o media barrita de cereales. No se debe olvidar beber agua o alguna bebida isotónica o deportiva, si quieres.

Después del partido

Toma algo después del partido. Lo ideal es un batido: las proteínas de la leche contribuyen a la reconstrucción muscular y el azúcar repone las reservas de energía.

el combustible	*fuel*
el plátano	*banana*
el azúcar	*sugar*

1. According to the text, how is a sportsperson's body like a racing car?
2. Name two things you should do one hour before a match.
3. What should you avoid doing before a match?
4. Name two things you should eat during breaks in a longer match.
5. What mustn't you forget to do?
6. What is the ideal thing to eat or drink after doing sport? Why?

When reading, remember you don't need to understand everything or look up every unknown word. Use the questions to guide you towards what you need to work out.

1 **Lee los textos y completa el perfil en inglés para Esmeralda y Diego.**

Me llamo Esmeralda y soy norteamericana. Vivo en Florida. Todos tenemos derecho a la libertad de expresión aquí en Estados Unidos y tenemos mucha suerte porque se puede dar tu opinión. También tenemos derecho a un medio ambiente sano y aquí no hay mucha contaminación. En el futuro voy a ser abogada. ¿Y tú?

Me llamo Diego y soy chileno. Vivo en Santiago de Chile. Todos tenemos derecho a vivir en armonía y aquí en Santiago de Chile, tenemos suerte porque no hay mucha violencia. También tenemos derecho al amor y a la familia. Yo vivo con mi familia y mis padres me cuidan. En el futuro voy a ser médico. ¿Y tú?

Name: ______________

Lives in: ______________

Rights mentioned: ______________

Ambition: ______________

2 **Traduce el texto al español.**

I am called Sergio and I live in Valladolid, in Spain. We all have the right to education and we are lucky here in Valladolid because there are good schools. We also have the right to play and I can play with my friends in the park. In the future I am going to be a journalist. And you?

3 **Lee el texto. Copia y completa la tabla en inglés. Utiliza el minidiccionario si es necesario.**

Para tener una casa ecológica...

Hace tres años:
- Construimos una casa con materiales no tóxicos.
- Empezamos a hacer compostaje y reducimos el consumo eléctrico.
- Hicimos un jardín, donde plantamos árboles y flores.

Ahora:
- Cuando llueve, recogemos el agua de lluvia y luego la reutilizamos en el jardín.
- Usamos energías limpias y tenemos un programa de reciclaje.

En el futuro:
- Vamos a poner paneles solares en el techo y vamos a reutilizar más cosas.
- Vamos a plantar verduras y también vamos a hacer un jardín vertical en la pared.

el techo *roof*
la pared *wall*

what they did 3 years ago	what they do now	what they are going to do

1 Lee el texto. Escribe 'pasado', 'presente' o 'futuro' para cada dibujo.

¿Cómo era tu ciudad antes? ¿Cómo es ahora?
A ver… antes en mi ciudad no había nada para los jóvenes, pero ahora hay muchas cosas, por ejemplo parques y espacios públicos muy bonitos. En el futuro parece que van a construir una biblioteca y también van a construir un polideportivo.
Antes no había medios de transporte público, pero ahora tenemos suerte porque hay una red de transporte muy buena. Igualmente, antes mi ciudad estaba sucia, pero ahora está limpia. Había mucha contaminación y también mucha basura. Sin embargo, hoy hay menos contaminación y menos basura. ¡Me alegro!

a 
b 
c 
d 
e 
f 

2 Antes la ciudad era muy agradable, pero ahora hay problemas. Escribe un texto.
Before, the city was very nice, but now there are problems. Write a text.

Ejemplo: Antes había muchas cosas para los jóvenes, pero ahora…

- Antes… (no) había / tenía / estaba…
- Ahora… (no) hay / tiene / está…
- En el futuro… (no) van a construir / va a ser…

before	now	in the future
lots for young people	no transport	not going to build a sports centre
no pollution	pollution	going to be horrible
clean	dirty	…
no dangerous areas	dangerous areas	…

3 Lee el texto. Contesta a las preguntas en inglés.

WWF España ▾ | Qué hacemos ▾ | Qué puedes hacer ▾ | Infórmate ▾ | Colabora con WWF ▾

Home >> Qué puedes hacer >> Participa

¿Quieres participar en la defensa del planeta?

Un voluntario de WWF es una persona entusiasta: sabe que los problemas ambientales son muy complejos, pero también que existen soluciones a estos problemas.

Por eso adopta una forma de vida responsable y decide, entre otras cosas, aportar su tiempo libre y energía a proyectos de conservación de WWF. Un voluntario es la voz, los ojos y los oídos del Panda; es la persona que transmite los mensajes de WWF en su casa, escuela, trabajo, con vecinos y amigos.

1. According to the text, what sort of person is a WWF volunteer?
2. What does a WWF volunteer know about environmental problems?
3. Into what does he/she decide to channel his/her free time and energy?
4. What does a WWF volunteer act as?
5. Name four areas in which a volunteer spreads the WWF's message.

Completa el diálogo con las frases del recuadro.

Ejemplo: **1** ¿Qué tal fue el viaje?

Alejandro:	Este es mi padre, Pablo.
Pablo:	¡Hola David! ¡Encantado! **1** ___
David:	Un poco aburrido y muy largo.
Alejandro:	Y esta **2** ___, Nerea.
Nerea:	¡Hola!
Alejandro:	Te presento a mi hermano, Miguel, y **3** ___, Liliana.
David:	**4** ___
Pablo:	¿Tienes sed, David? ¿Quieres comer o beber algo?
David:	**5** ___ ¿Puedo comer algo?
Pablo:	Claro. Tengo una tarta muy rica.
David:	**6** ___
Alejandro:	¿Quieres llamar a tus padres?
David:	No gracias, está bien. **7** ___, así que puedo mandar un SMS.
Alejandro:	¿Tienes sueño? ¿Quieres acostarte? ¿O quizás **8** ___?
David:	Sí, tengo sueño, pero no quiero ducharme.

- ¡Mucho gusto!
- a mi hermana
- ¿Qué tal fue el viaje?
- es mi madre
- quieres ducharte ahora
- Tengo mi móvil
- Muchas gracias.
- Sí, tengo hambre.

Lee el texto. Escribe 'pasado', 'presente' o 'futuro' para cada dibujo.

Estoy de vacaciones aquí en Madrid y me chifla. Los madrileños son muy simpáticos. Ayer fui al estadio Santiago Bernabéu con mi amigo Pepe. Visitamos el estadio y luego fuimos a la tienda de recuerdos, donde compré una camiseta para mi hermano. También compré un llavero para mi padre. Le va a gustar mucho porque le encanta el Real Madrid. Es fanático de este equipo. Mañana voy a ir al Museo del Prado, donde tengo que comprar algo para mi hermana. También voy a sacar una foto del museo, el más famoso de Madrid.

Pablo

Escribe una entrada de blog. Utiliza el texto del ejercicio 2 como modelo.

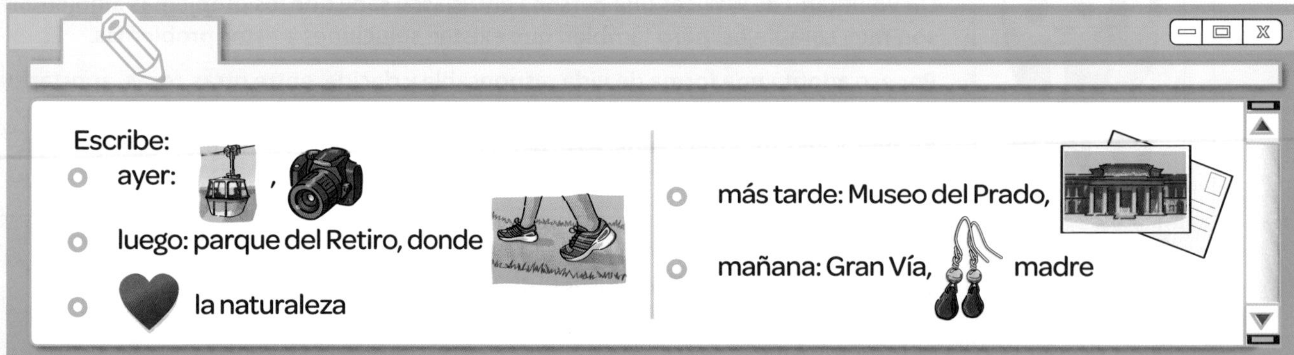

1 Traduce el texto al inglés.

Ayer en Madrid lo pasé guay. Saqué muchas fotos y las compartí con mis amigos. Me chifla sacar fotos. Mañana, si hace sol, primero iré al parque de atracciones donde montaré en muchas atracciones, por ejemplo en la montaña rusa. Me molan los parques de atracciones. ¡Son flipantes! Por la tarde daré una vuelta por la ciudad. Iré al Rastro, el mercado más famoso de Madrid, donde sacaré fotos, y luego iré al parque del Retiro. Más tarde iré a un restaurante, donde comeré gambas. ¡Va a ser guay!

2 Escribe un texto sobre un día en Madrid. Utiliza el texto del ejercicio 1 como modelo.

- Ayer   
- Mañana   donde  
- Por la tarde  donde  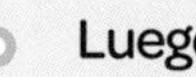
- Luego 
- Más tarde  donde   

3 Lee el texto. ¿Verdadero o falso? Escribe V o F.

HOME TOURS Y ALQUILERES GOCAR GRUPOS OFERTAS ESPECIALES BLOG CONTACTO

BIENVENIDO A GOCAR TOURS

Los tours guiados de GoCar Madrid son la mejor forma de conocer la capital.

Nuestros cochecitos amarillos son fáciles de conducir y te permiten explorar los sitios de Madrid que a ti te interesan. Descubre lo antiguo y lo moderno de Madrid, desde el Palacio Real hasta los mejores museos del mundo.

Tenemos cuatro rutas principales que te llevarán por una visita guiada a los sitios más emblemáticos de Madrid. Nuestro sistema de GPS y audio guía integrada se convierten en tu guía personal. ¿Qué puede ser más divertido? Escapa de la multitud y visita Madrid a tu manera.

1. Guided GoCar tours are the best way to get to know the capital.
2. The red GoCars are easy to drive and allow you to explore sites that interest you.
3. There are four main routes to choose from.
4. They'll take you on a guided tour to the most important sites.
5. Someone will accompany you as your own personal tour guide.

¡TABLA DE VERBOS!

The present tense

Use the present tense to talk about what you do now, what you usually do, or how things are.

1 Regular verbs

In the present tense, **-ar**, **-er** and **-ir** verbs follow different patterns of endings:

	-ar	-er	-ir
	habl**ar** (to speak)	com**er** (to eat)	viv**ir** (to live)
yo tú él/ella / usted nosotros/as vosotros/as ellos/as / ustedes	habl**o** habl**as** habl**a** habl**amos** habl**áis** habl**an**	com**o** com**es** com**e** com**emos** com**éis** com**en**	viv**o** viv**es** viv**e** viv**imos** viv**ís** viv**en**

2 Irregular verbs

Some verbs don't follow the usual patterns. Learn each verb by heart.

ir (to go)	**ser** (to be)	**tener** (to have)	**ver** (to see)
voy vas va vamos vais van	soy eres es somos sois son	tengo tienes tiene tenemos tenéis tienen	veo ves ve vemos veis ven

Some verbs are irregular in the 'I' form only:

hacer (to do / to make) → ha**g**o
salir (to go out) → sal**g**o

3 Stem-changing verbs

Stem-changing verbs have a vowel change in the stem (the part of the verb that is left when you take off the ending) in the 'I', 'you' (singular), 'he/she' and 'they' forms of the present tense.

e → ie	o → ue	u → ue
pref**e**rir (to prefer)	p**o**der (to be able to / can)	j**u**gar (to play)
pref**ie**ro pref**ie**res pref**ie**re preferimos preferís pref**ie**ren	p**ue**do p**ue**des p**ue**de podemos podéis p**ue**den	j**ue**go j**ue**gas j**ue**ga jugamos jugáis j**ue**gan

These stem-changing verbs follow the same pattern as **preferir**:

emp**e**zar (to start) → emp**ie**zo (I start)
ent**e**nder (to understand) → ent**ie**ndo (I understand)
qu**e**rer (to want) → qu**ie**ro (I want)

These stem-changing verbs follow the same pattern as **poder:**

d**o**rmir (to sleep) → d**ue**rmo (I sleep)
d**o**ler (to hurt) → me d**ue**le(n) (my... hurt(s))

4 Reflexive verbs

Reflexive verbs describe actions you do to yourself. They include a reflexive pronoun which means 'myself', 'yourself', etc.

ducharse (to have a shower)
me ducho **te** duchas **se** ducha **nos** duchamos **os** ducháis **se** duchan

Some reflexive verbs are stem-changing in the present tense:

ac**o**starse (to go to bed) → me ac**ue**sto (I go to bed)
desp**e**rtarse (to wake up) → me desp**ie**rto (I wake up)
v**e**stirse (to get dressed) → me v**i**sto (I get dressed)

The preterite

Use the preterite (simple past tense) to talk about completed actions in the past.

1 Regular verbs

In the preterite, regular **-ar** verbs follow one pattern of endings and **-er** and **-ir** verbs follow another:

	-ar	-er	-ir
	habl**ar** (to speak)	com**er** (to eat)	viv**ir** (to live)
yo	habl**é**	com**í**	viv**í**
tú	habl**aste**	com**iste**	viv**iste**
él/ella / usted	habl**ó**	com**ió**	viv**ió**
nosotros/as	habl**amos**	com**imos**	viv**imos**
vosotros/as	habl**asteis**	com**isteis**	viv**isteis**
ellos/as / ustedes	habl**aron**	com**ieron**	viv**ieron**

2 Irregular verbs

Some verbs don't follow the usual patterns in the preterite. Learn each verb by heart.

ir (to go)	**ser** (to be)	**hacer** (to do / to make)	**tener** (to have)	**ver** (to see)
fui	fui	hice	tuve	vi
fuiste	fuiste	hiciste	tuviste	viste
fue	fue	hizo	tuvo	vio
fuimos	fuimos	hicimos	tuvimos	vimos
fuisteis	fuisteis	hicisteis	tuvisteis	visteis
fueron	fueron	hicieron	tuvieron	vieron

The verbs **ir** and **ser** are identical in the preterite, but the context makes it clear which verb is meant.

In the preterite, the following verbs are irregular in the 'I' form only:

sacar (to take) → sa**qu**é (I took)
tocar (to play an instrument) → to**qu**é (I played)
jugar (to play) → jug**u**é (I played)
empezar (to start) → empe**c**é (I started)

The imperfect tense

Use the imperfect tense to describe what something used to be like or what you used to do.

1 Regular verbs

In the imperfect tense, **-ar** verbs follow one pattern of endings and **-er** and **-ir** verbs follow another:

-ar	-er	-ir
est**ar** (to be)	ten**er** (to have)	viv**ir** (to live)
est**aba** est**abas** est**aba** est**ábamos** est**abais** est**aban**	ten**ía** ten**ías** ten**ía** ten**íamos** ten**íais** ten**ían**	viv**ía** viv**ías** viv**ían** viv**íamos** viv**íais** viv**ían**

había (there was/were/used to be) is a useful verb to know in the imperfect tense.

2 Irregular verbs

Only three verbs are irregular in the imperfect tense:

ir (to go)	**ser** (to be)	**ver** (to see)
iba ibas iba íbamos ibais iban	era eras era éramos erais eran	veía veías veía veíamos veíais veían

The future tenses

1 The near future tense

Use the near future tense to say what you are going to do.

To form the near future tense, take the correct part of the present tense of the verb **ir** (to go) + **a** + infinitive.

hablar (to speak)
voy a hablar **vas a** hablar **va a** hablar **vamos a** hablar **vais a** hablar **van a** hablar

2 The simple future tense

Use the simple future tense to say what you will do.

To form the simple future tense, take the infinitive of the verb and add the following endings.

Some verbs have an irregular 'future stem':

hacer (to do / make) → **har**é (I will do / make)

tomar (to take)
tomar**é** tomar**ás** tomar**á** tomar**emos** tomar**éis** tomar**án**

¡SPANISH KEY SOUNDS!

Escucha, mira y haz los gestos.
Listen, watch and do the gestures.

panda

elefante

tigre

búfalo

cebra

camello

oso

gorila

hipopótamo

jirafa

vaca

zorro

If your teacher doesn't have ActiveTeach, listen to the audio and make up your own action for each word.

Pronunciación

Learning how to pronounce the key sounds in Spanish will help you to say new words correctly when you come across them.

Active Learning

Using multiple senses helps us to remember new words for longer. Use sight, sounds and physical actions to boost your memory skills.

Here is a key to the abbreviations in the second column of the Spanish–English word list:

adj	adjective
adv	adverb
conj	conjunction
exclam	exclamation
interj	interjection
interrog	interrogative
nf	feminine noun
nf (pl)	plural feminine noun
nm	masculine noun
nm (pl)	plural masculine noun
prep	preposition
pron	pronoun
v	verb

The names for the parts of speech given here are those you are most likely to find in a normal dictionary. In *¡Viva!* we use different terms for three of these parts of speech. These are:

adverb = intensifier
conjunction = connective
interrogative = question word

A

abajo	*adv*	*down, below*
el abanico	*nm*	*fan*
el/la **abogad**o/a	*nm, nf*	*lawyer*
abrir	*v*	*to open*
el abuelo	*nm*	*grandfather*
aburrido/a	*adj*	*boring*
acabar de	*v*	*to have just (done)*
la acción	*nf*	*action*
acostarse	*v*	*to go to bed*
la actividad	*nf*	*activity*
el actor	*nm*	*actor*
la actriz	*nf*	*actress*
la actuación	*nf*	*performance*
el acuario	*nm*	*aquarium*
de acuerdo	*interj*	*all right*
estar de acuerdo	*v*	*to agree*
además	*adv*	*also, in addition*
adicto/a	*adj*	*addicted*
¡adiós!	*exclam*	*goodbye!*
adivinar	*v*	*to guess*
¿adónde?	*interrog*	*where (to)?*
el adulto	*nm*	*adult*
el aeropuerto	*nm*	*airport*
la agenda	*nf*	*diary*
el/la **agente de viajes**	*nm, nf*	*travel agent*
agrícola	*adj*	*agricultural*
el agua	*nf*	*water*
ahora	*adv*	*now*
ahorrar	*v*	*to save*
el aire libre	*nm*	*open air*
el alemán	*nm*	*German*
algo	*pron*	*something*
alto/a	*adj*	*high, tall*
alucinante	*adj*	*amazing*
ambicioso/a	*adj*	*ambitious*
ambos/as	*adj*	*both*
el/la **amig**o/a	*nm, nf*	*friend*
el amor	*nm*	*love*
la animación	*nf*	*animation*
el animal	*nm*	*animal*
antes	*adv*	*before*
antiguo/a	*adj*	*old*
el anuncio	*nm*	*advert*
el año	*nm*	*year*
apagar	*v*	*to turn off*
el aparato eléctrico	*nm*	*electrical device*
apasionante	*adj*	*exciting*
aplaudir	*v*	*to clap*
aprender	*v*	*to learn*
aprovechar	*v*	*to make the most of, to enjoy*
¡que aproveche!	*interj*	*enjoy your meal!*
apuntar	*v*	*to note down*
árabe	*adj*	*Arabic*
el árbol	*nm*	*tree*
el argumento	*nm*	*plot*
la armonía	*nf*	*harmony*
el/la **arqueólog**o/a	*nm, nf*	*archaeologist*
el/la **arquitect**o/a	*nm, nf*	*architect*
arriba	*adv*	*up, above*
el arroz	*nm*	*rice*
las artes marciales	*nf (pl)*	*martial arts*
artístico/a	*adv*	*artistic*

así	*adv*	*like this*
así que	*conj*	*so, therefore*
el/la **astronauta**	*nm, nf*	*astronaut*
el atletismo	*nm*	*athletics*
la atracción	*nf*	*attraction*
atrás	*adv*	*back*
la autobiografía	*nf*	*autobiography*
el autobús	*nm*	*bus*
la aventura	*nf*	*adventure*
el avión	*nm*	*plane*
ayer	*adv*	*yesterday*
ayudar	*v*	*to help*
azul	*adj*	*blue*

B

bailar	*v*	*to dance*
el baile	*nm*	*dance*
el baloncesto	*nm*	*basketball*
bañarse	*v*	*to have a bath*
el baño	*nm*	*bath*
barato/a	*adj*	*cheap*
el barrio	*nm*	*neighbourhood*
bastante	*adv*	*quite*
la basura	*nf*	*rubbish*
el batido	*nm*	*milkshake*
beber	*v*	*to drink*
el béisbol	*nm*	*baseball*
los beneficios	*nm (pl)*	*profits*
benéfico/a	*adj*	*charity*
la bici(cleta)	*nf*	*bicycle*
el bocadillo	*nm*	*sandwich*
la bola de cristal	*nf*	*crystal ball*
la bolera	*nf*	*bowling alley*
el bolígrafo	*nm*	*pen*
boliviano/a	*adj*	*Bolivian*
la bolsa	*nf*	*bag*
el/la **bombero/a**	*nm, nf*	*firefighter*
bonito/a	*adj*	*nice*
la botella	*nf*	*bottle*
el brazo	*nm*	*arm*
británico/a	*adj*	*British*
bueno	*interj*	*well*
buen(o)/a	*adj*	*good*
la bufanda	*nf*	*scarf*
buscar	*v*	*to look for*

C

el caballo marino	*nm*	*sea horse*
el cabello	*nm*	*hair*
la cabeza	*nf*	*head*
el cacao	*nm*	*cocoa*
cada	*adj*	*each, every*
la cadera	*nf*	*hip*
caerse	*v*	*to fall down / off*
el café	*nm*	*coffee*
los calamares	*nm (pl)*	*squid*
el calendario	*nm*	*calendar*
caliente	*adj*	*hot*
hacer calor	*v*	*to be hot*
el/la **camarero/a**	*nm, nf*	*waiter/waitress*
cambiar	*v*	*to change*
el/la **camillero/a**	*nm, nf*	*hospital porter*
la camiseta	*nm*	*T-shirt*
el/la **campeón/ona**	*nm, nf*	*champion*
el campeonato	*nm*	*championship*
el campo de fútbol	*nm*	*football pitch*
la canción	*nf*	*song*
cansado/a	*adj*	*tired*
el/la **cantante**	*nm, nf*	*singer*
la cara	*nf*	*face, side*
el carácter	*nm*	*character*
la caracterización	*nf*	*characterisation*
el caramelo	*nm*	*sweet*
la carne	*nf*	*meat*
caro/a	*adj*	*expensive*
la cartelera de cine	*nf*	*what's on at the cinema*
el cartón	*nm*	*cardboard*
la casa	*nf*	*house*
casado/a	*adj*	*married*
casi	*adv*	*almost, nearly*
las castañuelas	*nf (pl)*	*castanets*
el catarro	*nm*	*cold*
la catástrofe	*nf*	*catastrophe*
la caza del tesoro	*nf*	*treasure hunt*
la celebración	*nf*	*celebration*
celebrar	*v*	*to celebrate*
cenar	*v*	*to have (... for) dinner*
el centro comercial	*nm*	*shopping centre*
los cereales	*nm (pl)*	*cereal*
cerrar	*v*	*to turn off, to close*
la chaqueta	*nf*	*jacket*
el/la **chico/a**	*nm, nf*	*boy/girl*
me chifla(n)	*v*	*I love*
la churrería	*nf*	*churros shop*

los churros	nm (pl)	churros (sweet fried dough)
el ciclismo	nm	cycling
ciclista	adj	cycle
cien	adj	a/one hundred
la ciencia ficción	nf	science fiction
el cine	nm	cinema
el cinturón	nm	belt
el círculo	nm	circle
el/la cirujano/a	nm, nf	surgeon
la ciudad	nf	city, town
claro (que sí)	interj	of course
la clase	nf	class
el cliente	nm	customer
el coche	nm	car
cocinar	v	to cook
el/la cocinero/a	nm, nf	cook
coger	v	to take (transport)
coleccionar	v	to collect
el collar	nm	necklace
colombiano/a	adj	Colombian
la comedia	nf	comedy
comenzar	v	to begin
comer	v	to eat, to have lunch
el comercio justo	nm	fair trade
la comida	nf	food
la comida basura	nf	junk food
¿cómo?	interrog	how?, what ... like?
el/la compañero/a	nm, nf	partner
comparar	v	to compare
completar	v	to complete
el compostaje	nm	composting
comprar	v	to buy
las compras	nf (pl)	shopping
comprobar	v	to check
comunicarse	v	to communicate
el concurso	nm	competition
la conducción	nf	driving
el/la conductor(a)	nm, nf	driver
conocer	v	to meet, to know
los consejos	nm (pl)	advice
conservar	v	to preserve
la consola	nf	games console
construir	v	to build
consultar	v	to consult
el consumo	nm	consumption
el contacto	nm	contact
contaminado/a	adj	polluted
el contenedor	nm	container, bank
contener	v	to contain
contestar	v	to answer
contra	prep	against
convertirse en	v	to become
la cooperativa	nf	cooperative
copiar	v	to copy
correcto/a	adj	correct
corregir	v	to correct
el correo	nm	email
correr	v	to run
cortar	v	to cut
la cosa	nf	thing
crear	v	to create
creativo/a	adj	creative
creer	v	to think
la crema solar	nf	sun cream
el cromo	nm	trading card
el cuadro	nm	picture, painting
¿cuál(es)?	interrog	which?
la cualidad	nf	quality
¿cuándo?	interrog	when?
el cuarto	nm	quarter, room
el cuerpo	nm	body
el cuestionario	nm	questionnaire
la cueva	nf	cave
tener cuidado	v	to be careful
cuidar	v	to look after
el cumpleaños	nm	birthday

D

el dado	nm	die
me da igual	v	I don't mind
el dato	nm	detail
se debe	v	you/one must
se debería	v	you/we should
debutar	v	to make your début
decidir	v	to decide
decir	v	to say, to tell
el dedo	nm	finger
dejar	v	to leave
el delfín	nm	dolphin
los demás	pron	other people
el/la dentista	nm, nf	dentist

dentro	*adv*	*in(side)*
depender	*v*	*to depend*
el/la **dependiente**/a	*nm, nf*	*shop assistant*
el deporte	*nm*	*sport*
el/la **deportista**	*nm, nf*	*sportsperson*
la derecha	*nf*	*right (direction)*
el derecho	*nm*	*right (permission)*
el desastre	*nm*	*disaster*
desayunar	*v*	*to have (... for) breakfast*
describir	*v*	*to describe*
descubrir	*v*	*to discover*
desenchufar	*v*	*to unplug*
deshidratarse	*v*	*to get dehydrated*
despacio	*adv*	*slowly*
despertarse	*v*	*to wake up*
después	*adv*	*afterwards*
después de	*prep*	*after*
el detalle	*nm*	*detail*
el día	*nm*	*day*
el diálogo	*nm*	*dialogue*
diario/a	*adv*	*daily*
dibujar	*v*	*to draw*
el dibujo	*nm*	*drawing*
el dicho	*nm*	*idiom*
el diente	*nm*	*tooth*
la dieta	*nf*	*diet*
difícil	*adj*	*difficult*
dinámico/a	*adj*	*dynamic*
el dinero	*nm*	*money*
el/la **director(a)**	*nm, nf*	*director*
dirigir	*v*	*to direct*
la discoteca	*nf*	*(night) club*
el/la **diseñador(a)**	*nm, nf*	*designer*
diseñar	*v*	*to design*
el diseño	*nm*	*design*
divertido/a	*adj*	*fun, funny*
el domingo	*nm*	*Sunday*
¿dónde?	*interrog*	*where?*
dormir	*v*	*to sleep*
ducharse	*v*	*to have a shower*
me duele(n) ...	*v*	*my ... hurt(s)*

E

la edad	*nf*	*age*
el edificio	*nm*	*building*
la educación	*nf*	*education*
educado/a	*adj*	*polite*
el ejercicio	*nm*	*exercise*
eléctrico/a	*adj*	*electric(al)*
elegir	*v*	*to choose*
emparejar	*v*	*to match up*
empezar	*v*	*to begin, to start*
encantado/a	*adj*	*pleased to meet you*
me encanta(n)	*v*	*I love*
encontrar	*v*	*to find*
encontrarse	*v*	*to feel*
la energía	*nf*	*energy*
el/la **enfermero**/a	*nm, nf*	*nurse*
enfermo/a	*adj*	*ill*
enfrentarse a / con	*v*	*to face*
¡enhorabuena!	*exclam*	*congratulations!*
enorme	*adj*	*enormous*
la ensalada	*nf*	*salad*
enseguida	*adv*	*straight away*
entender	*v*	*to understand*
la entrada	*nf*	*ticket*
el/la **entrenador(a)**	*nm, nf*	*coach*
entrenar	*v*	*to exercise, to train*
la entrevista	*nf*	*interview*
el equipo	*nm*	*team*
la equitación	*nf*	*horse riding*
el equivalente	*nm*	*equivalent*
el error	*nm*	*error, mistake*
la escalada	*nf*	*climbing*
escribir	*v*	*to write*
escuchar	*v*	*to listen*
la escuela	*nf*	*school*
la esgrima	*nf*	*fencing*
el espacio público	*nm*	*public space*
la espalda	*nf*	*back*
el español	*nm*	*Spanish*
español(a)	*adj*	*Spanish*
especial	*adj*	*special*
el/la **especialista**	*nm, nf*	*specialist*
espectacular	*adj*	*spectacular*
la estación	*nf*	*station*
el estadio	*nm*	*stadium*
el estanque	*nm*	*pond*
estar	*v*	*to be*
este/a/os/as	*pron*	*this/these*
el/la **esteticista**	*nm, nf*	*beautician*
estimulante	*adj*	*stimulating*
el estómago	*nm*	*stomach*
la estrella	*nf*	*star*
estresante	*adj*	*stressful*
el estribillo	*nm*	*chorus*
estupendo/a	*adj*	*brilliant*

el evento	nm	event
exigente	adj	demanding
la experiencia	nf	experience
explicar	v	to explain
el extranjero	nm	abroad
extranjero/a	adj	foreign

F

fácil	adj	easy
facilmente	adv	easily
la falda	nf	skirt
falso/a	adj	false
la fama	nf	fame
la familia	nf	family
el/la **famoso**/a	nm, nf	celebrity
el/la **fanático**/a	nm, nf	fan
la fantasía	nf	fantasy
el fantasma	nm	ghost
febrero	nm	February
la fecha	nf	date
feliz	adj	happy
fenomenal	adj	fantastic
feroz	adj	fierce
la fiesta	nf	party
la figurita	nf	figurine
el fin de semana	nm	weekend
finalmente	adv	finally
con fines benéficos	adv	for charity
me flipa(n)	v	I love
flipante	adj	awesome
la flor	nf	flower
el/la **florista**	nm, nf	florist
la foca	nf	seal
el folleto	nm	brochure
los fondos	nm (pl)	funds
el footing	nm	jogging
en forma	adj	fit
la foto	nf	photo
el/la **fotógrafo**/a	nm, nf	photographer
la frase	nf	sentence, phrase
la frecuencia	nf	frequency
frecuentemente	adv	frequently
la fresa	nf	strawberry
hacer frío	v	to be cold
la fruta	nf	fruit
la fuente	nf	fountain

fuera	adv	out(side)
fumar	v	to smoke
el fútbol	nm	football
el/la **futbolista**	nm, nf	footballer
el futuro	nm	future

G

la galleta	nf	biscuit
ganar	v	to win, to earn
tener ganas de	v	to feel like
la garganta	nf	throat
por lo general	adv	generally
generalmente	adv	generally
el género	nm	genre
genial	adj	great
la gente	nf	people
la gimnasia	nf	gymnastics
el gimnasio	nm	gym
el/la **gimnasta**	nm, nf	gymnast
girar	v	to twist
el gol	nm	goal
la gorra	nf	cap
¡gracias!	exclam	thanks!
el gráfico	nm	graphic
granadino/a	adj	from Granada
grande	adj	big
el grifo	nm	tap
gris	adj	grey
gritar	v	to shout
el grupo	nm	group
guapísimo/a	adj	very good-looking
guardar	v	to keep
guay	adj	cool
el/la **guía turístico**/a	nm, nf	tourist guide
me gusta(n)	v	I like
me gustaría	v	I would like

H

había	v	there was / were / used to be
la habitación	nf	room, bedroom
hablar	v	to speak
hacer	v	to make, to do
hace...	v	...ago
el hada madrina	nf	fairy godmother

tener hambre	*v*	*to be hungry*
la hamburguesa	*nf*	*hamburger*
¡hasta pronto!	*exclam*	*see you soon!*
el helado	*nm*	*ice cream*
el hermano	*nm*	*brother*
el hijastro	*nm*	*stepchild*
los hijos	*nm (pl)*	*children*
la historia	*nf*	*story*
histórico/a	*adj*	*historic*
la hora	*nf*	*hour, time*
la hormiga	*nf*	*ant*
¡qué horror!	*exclam*	*how terrible!*
horroroso/a	*adj*	*terrible*
el huevo	*nm*	*egg*

I

el idioma	*nm*	*language*
imaginario/a	*adj*	*imaginary*
el imán	*nm*	*magnet*
inaceptable	*adj*	*unacceptable*
increíble	*adj*	*incredible*
independiente	*adj*	*independent*
la infanta	*nf*	*princess*
infantil	*adj*	*child*
la información	*nf*	*information*
el inglés	*nm*	*English*
inglés/esa	*adj*	*English*
la injusticia	*nf*	*injustice*
inolvidable	*adj*	*unforgettable*
el insecto	*nm*	*insect*
el insti(tuto)	*nm*	*(secondary) school*
la instrucción	*nf*	*instruction*
el instrumento	*nm*	*instrument*
inteligente	*adj*	*intelligent*
el Internet	*nm*	*internet*
interpretar	*v*	*to perform*
inventar	*v*	*to make up*
el/la **invitad**o/a	*nm, nf*	*guest*
invitar	*v*	*to invite*
ir	*v*	*to go*

J

el jamón	*nm*	*(cured) ham*
el jardín	*nm*	*garden*
el/la **jardiner**o/a	*nm, nf*	*gardener*
el/la **jef**e/a	*nm, nf*	*boss*
¡Jesús!	*interj*	*bless you!*
joven	*adj*	*young*
los jóvenes	*nm (pl)*	*young people*
el judo	*nm*	*judo*
el juego	*nm*	*game*
el jueves	*nm*	*Thursday*
el/la **jugador(**a**)**	*nm, nf*	*player*
jugar	*v*	*to play*
junio	*nm*	*June*
juntos/as	*adj*	*together*
justo/a	*adj*	*fair*

K

el kilómetro	*nm*	*kilometre*

L

el lado	*nm*	*side*
la laguna	*nf*	*lagoon*
lanzar	*v*	*to launch*
largo/a	*adj*	*long*
el lavado de coches	*nm*	*car wash*
lavar	*v*	*to wash, to brush (teeth)*
leer	*v*	*to read*
el león	*nm*	*lion*
la letra	*nf*	*letter, lyrics*
levantarse	*v*	*to get up*
la libertad de expresión	*nf*	*freedom of expression*
el libro	*nm*	*book*
la liga	*nf*	*league*
el/la **limpiador(**a**)**	*nf*	*cleaner*
limpiar	*v*	*to clean*
limpio/a	*adj*	*clean*
la lista	*nf*	*list*
llamarse	*v*	*to be called*
el llavero	*nm*	*key ring*
llevar	*v*	*to wear, to take*
llover	*v*	*to rain*
la lluvia de ideas	*nf*	*brainstorm*
loco/a	*adj*	*crazy*
luchar (contra)	*v*	*to fight (against)*
luego	*adv*	*then*
el lugar	*nm*	*place*
el lunes	*nm*	*Monday*
la luz	*nf*	*light*

M

la madrastra	*nf*	*stepmother*
la madre	*nf*	*mother*

madrileño/a	*adj*	*from Madrid*
maleducado/a	*adj*	*rude*
malgastar	*v*	*to waste*
malo/a	*adj*	*bad*
mandar	*v*	*to send*
la **manicura**	*nf*	*manicure*
la **mano**	*nf*	*hand*
la **manta**	*nf*	*blanket*
el **mantenimiento**	*nm*	*maintenance*
la **mañana**	*nf*	*morning*
mañana	*adv*	*tomorrow*
el **mapa**	*nm*	*map*
el **maquillaje**	*nm*	*make-up*
la **máquina de coser**	*nf*	*sewing machine*
el **maratón**	*nm*	*marathon*
maravilloso/a	*adj*	*marvellous*
la **marcha**	*nf*	*walk*
el **martes**	*nm*	*Tuesday*
marzo	*nm*	*March*
más	*adv/adj*	*more, most*
mayo	*nm*	*May*
el/la **mecánico/a**	*nm, nf*	*mechanic*
la **medianoche**	*nf*	*midnight*
el/la **médico/a**	*nm, nf*	*doctor*
medio/a	*adj*	*half*
el **medio ambiente**	*nm*	*environment*
mejor	*adj*	*better, best*
mejorar	*v*	*to improve, to get better*
la **memoria**	*nf*	*memory*
mencionar	*v*	*to mention*
menos	*adv/adj*	*less, fewer, least*
el **mensaje**	*nm*	*message*
a menudo	*adv*	*often*
el **mercado**	*nm*	*market*
merendar	*v*	*to have a mid-afternoon snack*
el **mes**	*nm*	*month*
metódico/a	*adj*	*methodical*
el **metro**	*nm*	*underground railway*
mexicano/a	*adj*	*Mexican*
mezclar	*v*	*to mix*
el **miembro**	*nm*	*member*
el **miércoles**	*nm*	*Wednesday*
mirar	*v*	*to look*
la **moda**	*nf*	*fashion*
el **modelo**	*nm*	*model*
moderno/a	*adj*	*modern*
me mola(n)	*v*	*I love*
el **monólogo**	*nm*	*monologue*
monótono/a	*adj*	*monotonous*
la **montaña rusa**	*nf*	*roller coaster*
montar en / a	*v*	*to ride*
un montón de	*adj*	*loads of*
el **monumento**	*nm*	*monument*
mucho	*adv*	*a lot*
mucho(s)/a(s)	*adj*	*a lot of, many*
¡mucho gusto!	*exclam*	*pleased to meet you!*
la **mujer**	*nf*	*woman, wife*
el **mundo**	*nm*	*world*
el **museo**	*nm*	*museum*
la **música**	*nf*	*music*
muy	*adv*	*very*

N

el **nacimiento**	*nm*	*birth*
la **nacionalidad**	*nf*	*nationality*
nada	*adv*	*(not) at all, nothing*
nadar	*v*	*to swim*
la **nariz**	*nf*	*nose*
la **natación**	*nf*	*swimming*
la **naturaleza**	*nf*	*nature*
tener náuseas	*v*	*to feel sick*
navegar	*v*	*to surf (internet)*
necesario/a	*adj*	*necessary*
negativo/a	*adj*	*negative*
negro/a	*adj*	*black*
¡ni hablar!	*exclam*	*no way!*
los **niños**	*nm (pl)*	*children*
la **noche**	*nf*	*night*
el **nombre**	*nm*	*name*
normalmente	*adv*	*normally*
norteamericano/a	*adj*	*North American*
nunca	*adv*	*never*

Ñ

¡ñam, ñam!	*exclam*	*yum, yum!*

O

octubre	*nm*	*October*
la **oferta**	*nf*	*offer*
la **oficina**	*nf*	*office*

el oído	nm	ear
el ojo	nm	eye
la ola	nf	wave
la opinión	nf	opinion
el orden	nm	order
el ordenador	nm	computer
la organización benéfica	nf	charity
organizado/a	adj	organised
organizar	v	to organise
otra vez	adv	again
otro/a	adj	another

P

paciente	adj	patient
el padrastro	nm	stepfather
el padre	nm	father
los padres	nm (pl)	parents
el país	nm	country
el pájaro	nm	bird
la palabra	nf	word
el palacio	nm	palace
la palma	nf	palm
dar palmas	v	to clap
el palo de hockey	nm	hockey stick
las palomitas	nf (pl)	popcorn
el pan	nm	bread
el pañuelo	nm	handkerchief
el papel	nm	paper
el paquete	nm	packet
paquistaní	adj	Pakistani
para	prep	for, (in order) to
el paracaídas	nm	parachute
parecer	v	to seem
la pareja	nf	pair
el parque	nm	park
el parque acuático	nm	water park
el parque de atracciones	nm	theme park
el párrafo	nm	paragraph
participar	v	to take part, to participate
el partido	nm	match
a partir de ahora	adv	from now on
el pasado	nm	past
pasado/a	adj	last
pasar	v	to happen, to spend
pasar la noche	v	to sleepover
pasarlo...	v	to have a ... time
pasear	v	to walk
el paseo	nm	walk
la pasión	nf	passion
el paso	nm	step
el pastel	nm	cake
la pata	nf	leg
las patatas fritas	nf (pl)	chips
el patio	nm	yard
el patrón	nm	employer
la película	nf	film
peligroso/a	adj	dangerous
el pelo	nm	hair
la pelota vasca	nf	pelota (Basque ball game)
el/la **peluquero/a**	nm, nf	hairdresser
los pendientes	nm (pl)	earrings
pensar	v	to think
pequeño/a	adj	small
perfecto/a	adj	perfect
el perfil	nm	profile
el/la **periodista**	nm, nf	journalist
el perrito caliente	nm	hot dog
el perro	nm	dog
la persona	nf	person
el personaje	nm	character
la pesca	nf	fishing
el pescado	nm	fish
el piano	nm	piano
el pie	nm	foot
la pierna	nf	leg
el ping-pong	nm	table tennis
la piscina	nf	swimming pool
la piscina al aire libre	nf	open-air swimming pool
la piscina cubierta	nf	indoor swimming pool
la pista de atletismo	nf	athletics track
el planeta	nm	planet
el plano	nm	map
la planta	nf	plant
la plantación	nf	plantation
el plástico	nm	plastic
el plato	nm	dish
la playa	nf	beach
la plaza	nf	square
poder	v	to be able to, can
la poesía	nf	poem
el/la **policía**	nm, nf	policeman/woman
el polideportivo	nm	sports centre
el pollo	nm	chicken

poner	*v*	*to put*
por	*prep*	*for, because of*
por eso	*conj*	*so, therefore*
¿por qué?	*interrog*	*why?*
porque	*conj*	*because*
por supuesto	*adv*	*of course*
el/la **portero/a**	*nm, nf*	*goalkeeper*
la **posibilidad**	*nf*	*possibility*
positivo/a	*adj*	*positive*
la **postal**	*nf*	*postcard*
el **postre**	*nm*	*dessert*
practicar	*v*	*to rehearse, to practise*
práctico/a	*adj*	*practical*
preferido/a	*adj*	*favourite*
preferir	*v*	*to prefer*
la **pregunta**	*nf*	*question*
preguntar	*v*	*to ask*
el **premio**	*nm*	*prize*
preparar	*v*	*to prepare*
la **presentación**	*nf*	*presentation*
presentar	*v*	*to introduce*
el **presente**	*nm*	*present*
primero	*adv*	*first*
la **princesa**	*nf*	*princess*
principal	*adj*	*main*
el **príncipe**	*nm*	*prince*
privado/a de	*adj*	*deprived of*
el **problema**	*nm*	*problem*
el **producto**	*nm*	*product*
la **profesión**	*nf*	*profession*
el/la **programador(a)**	*nm, nf*	*programmer*
pronto	*adv*	*soon*
la **pronunciación**	*nf*	*pronunciation*
propio/a	*adj*	*own*
proteger	*v*	*to protect*
próximo/a	*adj*	*next*
el **proyecto**	*nm*	*project*
público/a	*adj*	*public*
pues	*interj*	*well*
el **pulpo**	*nm*	*octopus*
la **punta del dedo**	*nf*	*fingertip*
puntuar	*v*	*to give a score*

Q

¿qué?	*interrog*	*how?, what?*
las **quemaduras del sol**	*nf (pl)*	*sunburn*
quemarse	*v*	*to get burnt*
querer	*v*	*to want*
el **queso**	*nm*	*cheese*
¿quién?	*interrog*	*who?*
quieto/a	*adj*	*still*
quinientos/as	*adj*	*five hundred*
quizás	*adv*	*perhaps, maybe*

R

el **racismo**	*nm*	*racism*
los **rápidos**	*nm (pl)*	*rapids*
un ratito	*nm*	*(for) a little while*
la **razón**	*nf*	*reason*
tener razón	*v*	*to be right*
la **reacción**	*nf*	*reaction*
recaudar	*v*	*to raise*
el/la **recepcionista**	*nm, nf*	*receptionist*
la **receta**	*nf*	*recipe*
recibir	*v*	*to receive*
reciclado/a	*adj*	*recycled*
la **recogida**	*nf*	*collection*
el **recuadro**	*nm*	*box*
el **recuerdo**	*nm*	*souvenir*
la **red**	*nf*	*network*
reducir	*v*	*to reduce*
referirse a	*v*	*to refer to*
el **refresco**	*nm*	*soft drink*
el **regalo**	*nm*	*present*
la **reina**	*nf*	*queen*
reír	*v*	*to laugh*
la **reparación**	*nf*	*repair*
repetir	*v*	*to repeat*
repetitivo/a	*adj*	*repetitive*
requerir	*v*	*to require*
la **reserva**	*nf*	*booking*
el resfriado	*adj*	*cold*
los **residuos**	*nm (pl)*	*waste*
respirar	*v*	*to breathe*
responder	*v*	*to answer*
responsable	*adj*	*responsible*
el **resumen**	*nm*	*summary*
reutilizar	*v*	*to reuse*

la revista	nf	*magazine*
rico/a	adj	*delicious*
la rifa	nf	*raffle*
rimar	v	*to rhyme*
el ritmo	nm	*rhythm*
el rodaje	nm	*filming*
rojo/a	adj	*red*
¡qué rollo!	exclam	*how boring!*
el rompecabezas	nm	*puzzle*
la ropa	nf	*clothes*
la rutina	nf	*routine*

S

el sábado	nm	*Saturday*
saber	v	*to know*
sacar	v	*to take (photo)*
salir	v	*to go out*
saltar	v	*to jump*
saludable	adj	*healthy*
la sangre	nf	*blood*
sano/a	adj	*healthy*
el saxofón	nm	*saxophone*
el/la secretario/a	nm, nf	*secretary*
tener sed	v	*to be thirsty*
seguir	v	*to continue, to follow*
el segundo	nm	*second*
segundo/a	adj	*second*
seleccionar	v	*to select*
el sello	nm	*stamp*
la semana	nf	*week*
sentirse	v	*to feel*
ser	v	*to be*
serio/a	adj	*serious*
en serio	adv	*seriously*
la serpiente	nf	*snake*
servir	v	*to serve*
siempre	adv	*always*
significar	v	*to mean*
el símbolo	nm	*symbol*
simpático/a	adj	*nice*
sin embargo	adv	*however*
el SMS	nm	*text (message)*
sobrar	v	*to be left over*
sobre	prep	*about*
sociable	adj	*sociable*
el sol	nm	*sun*
hacer sol	v	*to be sunny*
solicitar	v	*to seek*
solidario/a	adj	*charity, voluntary*
solo/a	adj	*alone*
la solución	nf	*solution*
el sondeo	nm	*survey*
la sopa	nf	*soup*
subir	v	*to climb*
sucio/a	adj	*dirty*
el suelo	nm	*floor, ground*
el sueño	nm	*dream*
tener sueño	v	*to be sleepy*
¡ni en sueños!	exclam	*not a chance!*
la suerte	nf	*luck*
suficiente	adj	*enough*
el superhéroe	nm	*superhero*
el surf	nm	*surfing*

T

la tabla	nf	*table*
la tableta (de chocolate)	nf	*(chocolate) bar*
tal vez	adv	*perhaps, maybe*
también	adv	*also, too*
tanto	adv	*so much*
la tarde	nf	*afternoon, evening*
más tarde	adv	*later*
las tareas domésticas	nf (pl)	*household chores*
la tarjeta	nf	*card*
la tarta de cumpleaños	nf	*birthday cake*
el/la taxista	nm, nf	*taxi driver*
la taza	nf	*cup*
el teatro	nm	*theatre*
el teclado	nm	*keyboard*
la tecnología	nf	*technology*
el teleférico	nm	*cable car*
el teléfono	nm	*telephone*
la tele(visión)	nf	*TV*
temprano	adv	*early*
tener	v	*to have*
tener que	v	*to have to*
el tenis	nm	*tennis*
terminar	v	*to finish*
el terremoto	nm	*earthquake*
el terror	nm	*horror*
el texto	nm	*text*
el tiempo	nm	*weather, time*
la tienda	nf	*shop*
tímido/a	adj	*shy*
típico/a	adj	*typical*
el tipo	nm	*type*
tirar	v	*to throw (away)*
el tiro deportivo	nm	*target shooting*

titularse	*v*	*to be called*
el título	*nm*	*title*
me toca	*v*	*it's my turn*
tocar	*v*	*to play (instrument), to touch*
todo	*adv*	*everything, all*
todos los días	*adv*	*every day*
tomar	*v*	*to have, to take*
tomar el sol	*v*	*to sunbathe*
¡qué tontería!	*exclam*	*what nonsense!*
tonto/a	*adj*	*silly*
el torneo	*nm*	*tournament*
la tortilla	*nf*	*omelette*
la tos	*nf*	*cough*
las tostadas	*nf (pl)*	*toast*
trabajador(a)	*adj*	*hard-working*
trabajar	*v*	*to work*
el trabajo	*nm*	*work, job*
traducir	*v*	*to translate*
el transporte público	*nm*	*public transport*
el tren	*nm*	*train*
el tres en raya	*nm*	*noughts and crosses*
triste	*adj*	*sad*
el tuit	*nm*	*tweet*
el turismo	*nm*	*tourism*
el/la **turista**	*nm, nf*	*tourist*
el turno	*nm*	*turn*
el turrón	*nm*	*nougat*

U

la universidad	*nf*	*university*
usted(es)	*pron*	*you (formal)*
útil	*adj*	*useful*
utilizar	*v*	*to use*

V

vale	*interj*	*OK*
el vampiro	*nm*	*vampire*
variado/a	*adj*	*varied*
la varita mágica	*nf*	*magic wand*
el vaso	*nm*	*cup*
¡vaya!	*interj*	*well!*
vegetariano/a	*adj*	*vegetarian*
la velocidad	*nf*	*speed*
vender	*v*	*to sell*
venir	*v*	*to come*
ver	*v*	*to see, to watch*
el verano	*nm*	*summer*
el verbo	*nm*	*verb*
la verdad	*nf*	*truth*
verdadero/a	*adj*	*true*
verde	*adj*	*green*
las verduras	*nf (pl)*	*vegetables*
versátil	*adj*	*versatile*
el vestido	*nm*	*dress*
vestirse	*v*	*to get dressed*
el/la **veterinario/a**	*nm, nf*	*vet*
la vez	*nf*	*time*
de vez en cuando	*adv*	*from time to time*
a veces	*adv*	*sometimes*
viajar	*v*	*to travel*
el viaje	*nm*	*journey*
la vida	*nf*	*life*
el videojuego	*nm*	*videogame*
el vidrio	*nm*	*glass*
la vidriera	*nf*	*stained glass window*
viejo/a	*adj*	*old*
que viene	*adj*	*next*
hacer viento	*v*	*to be windy*
el viernes	*nm*	*Friday*
el/la **vigilante nocturno**	*nm, nf*	*night security guard*
la violencia	*nf*	*violence*
la visita	*nf*	*visit*
visitar	*v*	*to visit*
el voleibol	*nm*	*volleyball*
el/la **voluntario/a**	*nm, nf*	*volunteer*

Y

el yogur	*nm*	*yogurt*

Z

el zumo	*nm*	*juice*